Susanne Viertbauer

Ganzheitliche Produktionssysteme

Wie lassen sich Unternehmensziele mit effektiver Standardisierung zusammenbringen?

Bibliografische Information der Deutschen Nationalbibliothek:

Die Deutsche Nationalbibliothek verzeichnet diese Publikation in der Deutschen Nationalbibliografie; detaillierte bibliografische Daten sind im Internet über http://dnb.d-nb.de abrufbar.

Impressum:

Copyright © Studylab 2018

Ein Imprint der Open Publishing GmbH

Druck und Bindung: Books on Demand GmbH, Norderstedt, Germany

Coverbild: Open Publishing GmbH | Freepik.com | Flaticon.com | ei8htz

Inhaltsverzeichnis

Abkürzungsverzeichnis

Abb.	Abbildung
A3	Instrument für Lösungsvorgehen
	Abkürzung für das verwendete Blatt im Format DIN A3
bzw.	beziehungsweise
DLZ	Durchlaufzeit
DIN	Deutsches Institut für Normung e.V.
e.V.	eingetragener Verein
FIFO	First in- First out
GPS	Ganzheitliches Produktionssystem
IAO	Institut für Arbeitswirtschaft und Organisation
IG BCE	Industriegewerkschaft Bergbau, Chemie, Energie
IG M	Industriegewerkschaft Metall
IPH	Institut für Integrierte Produktion Hannover gemeinnützige GmbH
ISI	Institut für System- und Innovationsforschung
JIS	Just in Sequence
JIT	Just in Time
KG	Kommanditgesellschaft
KVP	Kontinuierlicher Verbesserungsprozess
MTM	Methods- Time Measurement,
PDCA	Plan- Do- Check- Act
ppm	Parts per Million
Q, K, L	Qualität, Kosten, Lieferzeit
SMED	Single Minute Exchange of Dies
Tab.	Tabelle
TPM	Total Productive Maintenance
TPS	Toyota- Produktionssystem

VDI	Verein Deutscher Industrieller
Vgl.	Vergleiche
WIP	Work in Process
z.B.	zum Beispiel
5S	Instrument für Ordnung und Sauberkeit
	Abkürzung für Seiri, Seiton, Seiso, Seiketsu, Shitsuke
5W	Instrument für Ursachenanalyse
	Abkürzung für fünf Fragen mit Warum
8D	Instrument für Problembewältigung
	Abkürzung für acht Disziplinen

Abbildungsverzeichnis

Tabellenverzeichnis

1 Einleitung

Die Globalisierung macht es möglich, dass erstklassige Produkte und Dienstleistungen auf der ganzen Welt in ähnlicher Qualität erzeugt und erbracht werden können. Für Unternehmen bedeutet das, fähiger als der Mitbewerber den Wettbewerb zu bestreiten, um Umsätze zu erzielen und Gewinne zu erwirtschaften. Erfolgreiche Unternehmen zeichnen sich durch tadellose Beherrschung der Wirtschaftlichkeitsfaktoren, was Effektivität widerspiegelt, und Fokussierung auf die Wertschöpfungsprozesse im Einklang mit dem Wertesystem des Unternehmens und der Gesellschaft sowie der Vermeidung von Fehlleistungen als zentrale Tätigkeiten unternehmerischen Handelns, was Effizienz bedeutet, aus (Vgl. Schmitt, Pfeifer 2015: 4).

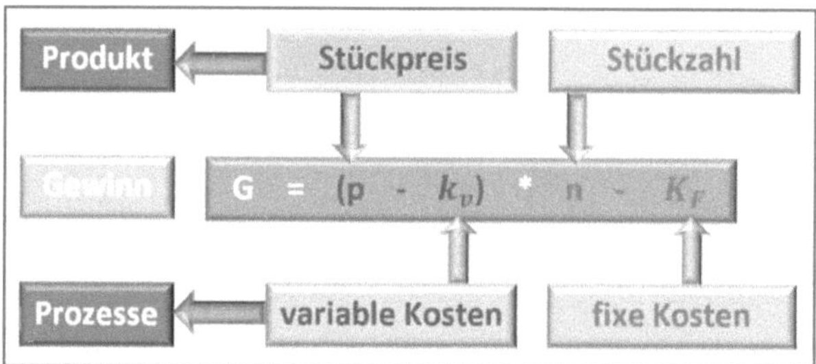

Abbildung 1: Qualitätsdimensionen des Unternehmenserfolgs (Vgl. Schmitt, Pfeifer 2015: 4)

Der Stückpreis und die Stückzahl der abgesetzten Erzeugnisse und geleisteten Dienste bestimmen das Ausmaß des Unternehmenserfolgs, der sich wiederum in Erweiterung der Marktanteile und Wachstum des Unternehmens manifestiert. Fixe und variable Kosten werden den Geschäftsprozessen, Produktentstehung, -herstellung und -vertrieb, zugeordnet und beeinflussen das Leistungsergebnis in entsprechender Gewichtung, wie die Produkte selbst. Je größer der Deckungsbeitrag ist, der sich aus der Differenz zwischen Stückpreis und den variablen Kosten, multipliziert mit der Stückzahl errechnet, und je geringer die fixen Kosten sind, desto höher ist der Gewinn. Aus diesem Sachverhalt ist zu schließen, dass ein Unternehmen sich auf seine Produkte im selben Maß konzentrieren muss, wie auf seine Prozesse. (Vgl. Schmitt, Pfeifer 2015: 4f.).

Qualität ist der Schlüsselfaktor, um die Konkurrenz zu bezwingen. Dabei müssen Produkt-, Prozess- und Systemqualität betrachtet werden. Die Umsetzung von Kundenforderungen allein, wird den beabsichtigten Wirkungsumfang nicht erfüllen. Die Güte aller betrieblichen Tätigkeiten, die für die Unternehmensarbeit verrichtet werden und die effiziente Gestaltung der Ablauf- und Aufbaustrukturen in der Unternehmensorganisation sind essentielle Faktoren bei der Zielerreichung. Die Zieldimensionen Qualität, Kosten und Zeit müssen im günstigsten Kompromiss, profitabel und wirksam nach diesen Grundsätzen aufeinander abgestimmt sein. (Vgl. Schmitt, Pfeifer 2015: 9).

1.1 Ziel der Arbeit

Die Ergebnisse einer Studie des Fraunhofer Instituts für Arbeitswirtschaft und Organisation (IAO) belegen, dass die Realisierung von Ganzheitlichen Produktionssystemen inzwischen von zahlreichen Unternehmen unterschiedlicher Größen aus allen produzierenden Branchen angestrebt wird. Diese Entwicklung wird jeden Produktionsbetrieb erreichen, sodass es für ein Bestehen im Wettbewerb unumgänglich wird, dass Unternehmen sich frühzeitig mit Ganzheitlichen Produktionssystemen auseinandersetzen (Vgl. Spath 2003: 11).

Die Annahme, dass Ganzheitliche Produktionssysteme die erfolgreiche Umsetzung von Unternehmenszielen begünstigen, soll anhand der Arbeit erforscht, geprüft und untermauert werden. Ich bediene mich neben einschlägiger, gegenwärtiger Literatur der VDI-Richtlinie 2870, des ersten standardisierten Regelwerks, das dem Leser vorgestellt wird.

Die Analyse der Merkmale eines fähigen Ganzheitlichen Produktionssystems ist Fundament für jede Entscheidung beim Aufbau dieses Managementkonzepts. Der Leser wird über Risiken und Chancen informiert und über Gestaltungsprinzipien innerhalb des Verbesserungsvorhabens aufgeklärt.

Das strategische Management erhält eine Aufstellung effektivster Methoden. Das operative Management eine Auswahl an Werkzeugen, die als nachhaltig, kostensparend und effizient gelten, um das Fortschrittskonzept umsetzen zu können. Bei der Implementierung ist der Blick in die Zukunft wichtig. Eine Zusammenfassung von Trends und Maßnahmen im Hinblick auf das Lean Enterprise-Modell und Industrie 4.0 werden die wissenschaftliche Auseinandersetzung mit der Thematik schließen. So ist der Leser über zukünftige Herausforderungen informiert. Der Wissensstand über Ganzheitliche Produktionssysteme ist schließlich als maximal zu betrachten.

1.2 Überblick

Kapitel 1, *Einleitung*, bildet das Ziel der Abhandlung und einen Überblick über die Einteilung der Thematik innerhalb der Bachelorarbeit ab.

Kapitel 2, *Das Unternehmen*, enthält Definitionen des Fachvokabulars. Die Begriffe Unternehmensziele und -erfolg werden aktuell betrachtet und erläutert.

Kapitel 3, *Ganzheitliche Produktionssysteme*, fasst Definition, Aufbau und Ziele von Ganzheitlichen Produktionssystemen zusammen. Gestaltungsprinzipien und Methoden sowie Werkzeuge für die Umsetzung werden angeführt und analysiert.

Kapitel 4, *Die acht Gestaltungsprinzipien*, beinhaltet eine für jedes der acht Gestaltungsprinzipien separate Vorstellung und Untersuchung auf Wirksamkeit.

Kapitel 5, *Konzepte, Methoden und Werkzeuge in der Praxis*, zeigt in Form einer Kosten-, Zeit- und Ergebnisanalyse auf, welche Instrumente zu welcher Methodik passen und in welcher Weise sie fungieren.

Kapitel 6, *Handlungsempfehlungen*, spiegelt einen Leitfaden zu Entscheidungen im Rahmen des Managementkonzepts wider.

Kapitel 7, *Die Zukunft – Das Lean Enterprise- Modell*, stellt Entwicklungswahrscheinlichkeiten im Unternehmen und am Markt in den Mittelpunkt.

Kapitel 8, *Quellenverzeichnis*, ist eine Auflistung aller zitierten Autoren.

Kapitel 9, *Eigenständigkeitserklärung*, bezeugt meine Arbeit an diesem Traktat.

2 Das Unternehmen

2.1 Definition

Ein Unternehmen ist eine wirtschaftliche und rechtliche Einheit, die den Grundsätzen des Ökonomischen Prinzips unterliegt. Dieses kann in drei Ausprägungen umgesetzt werden. Das Maximalprinzip, welches mit begrenzten Ressourcen größtmöglichen Ertrag anstrebt, das Minimalprinzip, das mit geringfügigem Einsatz das Erreichen einer definierten Leistung verfolgt und das Optimumprinzip, welches das Streben nach dem günstigsten Verhältnis zwischen Aufwand und Ertrag widerspiegelt, werden angewandt, um gezielt Bedürfnisse der Gesellschaft zu befriedigen (Vgl. Dillerup, Stoi 2013: 4f.).

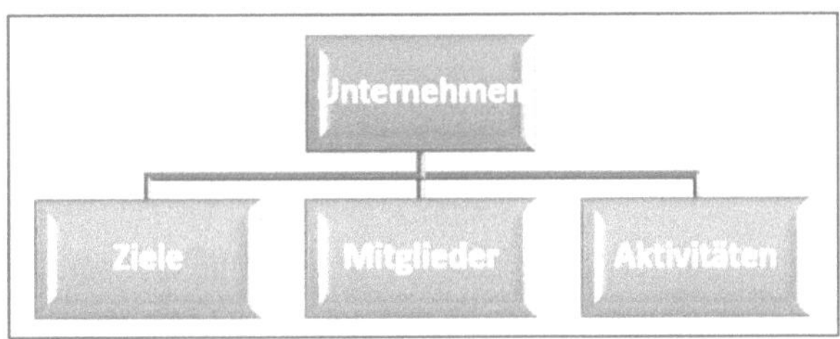

Abbildung 2: Elemente eines Unternehmens (Vgl. Dillerup, Stoi 2013: 5)

Die Elemente Ziele, Mitglieder und Aktivitäten begründen das komplexe System eines Unternehmens. Weitgehend autonom festgelegte Vorhaben zu erreichen, wird mit Hilfe von produktiver Leistungserbringung der Mitglieder, die im Sozialsystem nach einer Hierarchie organisiert sind, und anschließendem offenen Austausch mit der Unternehmensumwelt, angestrebt (Vgl. Dillerup, Stoi 2013: 4f.).

Im Sprachgebrauch ist es üblich für den Begriff Unternehmen Synonyme wie Unternehmung, Betrieb und Firma zu verwenden. Unternehmung ist ein nicht mehr verwendeter betriebswirtschaftlicher Ausdruck, der inhaltlich dieselbe Bedeutung hat wie der Begriff Unternehmen. Der Betrieb ist eine örtlich gebundene Einheit, die einem Rechtsträger zugeordnet und Stätte der Leistungserbringung ist. Ein Betrieb kann von einem oder mehreren Unternehmen geführt werden. Ein Unternehmen kann aus keinem, einem oder mehreren Betrieben bestehen. Der Name, unter dem die Geschäftstätigkeit vollzogen wird, bezeichnet die Firma. Gänzlich charakterisiert wird ein Unternehmen mit der gewählten Rechtsform und der Art der Eigentumsträgerschaft (Vgl. http://wirtschaftslexikon.gabler.de/Archiv/2942/unternehmen-v11.html).

Der Begriff Unternehmen wird im Folgenden aufgrund der besseren Lesbarkeit nicht definitionspräzise abgegrenzt verwendet. Ebenso wird in vorliegender Arbeit der Dienstleistungssektor nicht behandelt, da sich Ganzheitliche Produktionssysteme bis dato lediglich im produzierenden Gewerbe entwickelt haben.

2.2 Unternehmensziele

Das Unternehmensziel ist ein angestrebter, wirtschaftlicher, quantifizierbarer Zustand, der durch die Änderung der gegenwärtigen, nicht zufriedenstellenden Lage erreicht werden soll. Die Wahl der wirtschaftspolitischen Anordnungen, die zielgerichtet einzusetzen sind, treffen die Entscheidungsträger des Unternehmens (Vgl. http://wirtschaftslexikon.gabler.de/Definition/wirtschaftspolitisches-ziel.html).

Mit der Unternehmensgründung tritt das erste Ziel, das Unternehmenswachstum, wenigstens beim Unternehmer in Erscheinung. Die Stakeholder, vertreten durch Mitarbeiter, Kapitalgeber, Lieferanten, Kunden und externen Anspruchsberechtigten, entwickeln individuelle Ziele, die intentional gebündelt als Steuerungs- und Koordinationsmaßnahmen Schlüsselfunktionen in der Unternehmensführung einnehmen (Vgl. http://wirtschaftslexikon.gabler.de/Definition/zielsystem-der-unternehmung.html).

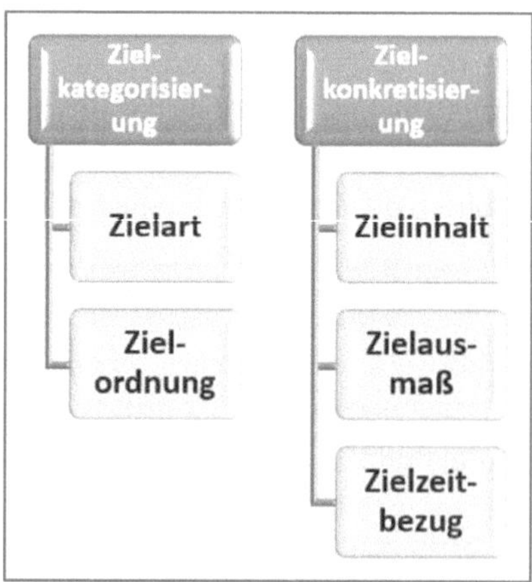

Abbildung 3: Strukturierung des unternehmerischen Zielsystems (Vgl. Butschke 2001: 5)

Mit einem strukturierten Zielsystem wird gewährleistet, dass diese essentiellen Aufgaben erfolgreich bewältigt werden. Generell werden Unternehmensziele nach Zielart und -ordnung kategorisiert. Unterschieden wird zwischen Sach-, Formal-

und Humanzielen, die aufgrund der quantitativen und qualitativen Merkmale, konkretisiert durch Inhalt, Ausmaß und Zeitbezug, differenziert werden. Durch diese Klassifizierung und vertikale, wie auch horizontale Abhängigkeiten zwischen den Zielen entsteht eine Zielhierarchie. Gleichrangige Ziele, unterstützen sich, neutrale bleiben ohne Einfluss, konkurrierende hemmen sich gegenseitig und erfordern eine Bewertung der Zielpriorität nach Haupt- und Nebenzielen. Die Realisierung der Oberziele, die aus der Unternehmensvision und dem Leitbild gestaltet werden, wird mit der taktischen Ausarbeitung und operativen Umsetzung von Unterzielen auf Geschäfts- und Funktionsbereichsebene gesichert. Eine Zielpyramide entsteht und bildet den Ordnungsrahmen für die Einteilung aller Intentionen (Vgl. Butschke 2001: 5ff.).

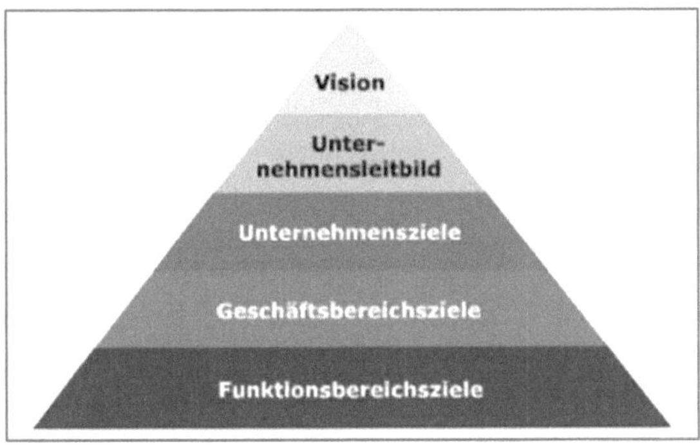

Abbildung 4: Zielpyramide (Vgl. www.4managers.de 2017)

Klassische Unternehmensziele sind Gewinn- und Umsatzsteigerung wie auch Erhöhung der Produktivität und Rentabilität. Imagepflege, ökologisches und soziales Engagement sind weiche Unternehmensziele, die sich in jüngster Zeit zu wichtigen, additionalen Aufgabenbereichen entwickelt haben (Vgl. http://www.bwl-wissen.net/definition/unternehmensziele).

In Zukunft werden Herausforderungen, wie die zunehmende Produktindividualisierung, Restriktionen durch Vorgaben der Verkehrs- und Klimapolitik und die Verknappung von Ressourcen, dazu führen, dass die Flexibilität, Wandelbarkeit und Wandlungsfähigkeit sich als substanzielle Ziele herausbilden. Während Flexibilität die Veränderungen in einem vorgegebenen Aktionsspielraum anbelangt und Wandelbarkeit eine strukturelle und funktionelle Gestaltungsabweichung eines technischen Systems bestimmt, fordert die Vorstellung der Wandlungsfähigkeit menschliche Kreativität und Intelligenz, um technische wie auch soziale Systeme wettbewerbsfähig zu konfigurieren (Vgl. Westkämper, Zahn 2009: 47).

Für ein Unternehmen ist Wettbewerbsfähigkeit existenziell und muss folglich stets aufrechterhalten werden indem entsprechende Aspekte intendiert werden. Eine klare Vision, die mit einer Unternehmensstrategie, aus der Maßnahmen definiert und umgesetzt werden, sukzessive erreicht werden kann, befähigt zu Fortschritten, welche stets standardisiert und trainiert werden sollen. Ergebnisse müssen mit belastbaren Kennzahlen verfolgt werden, um Abweichungen sichtbar zu machen und zu analysieren, damit aufgrund dessen nötige Regelungen konkretisiert, eingeleitet und realisiert werden können (Vgl. Bauer 2016: 4f.).

2.3 Unternehmenserfolg

Wachstum ist der Schlüssel zu langfristigem Unternehmenserfolg. Größenvorteile können verwirklicht und Marktmacht erhöht werden, die Attraktivität für Arbeits- und Kapitalmärkte wird gesteigert. Umsatz und Gewinn müssen gleichmäßig und gleichzeitig forciert werden, um die größtmögliche Erfolgswirkung zu erreichen. Flexible Strukturen, um Innovationen zu fördern und daraus Entwicklung zu generieren und effiziente operative Prozesse, um aus dem Wachstum Gewinne abzuschöpfen, bilden das Fundament moderner, aufstrebender Unternehmensführung (Vgl. http://www.harvardbusinessmanager.de/heft/d-51944761.html).

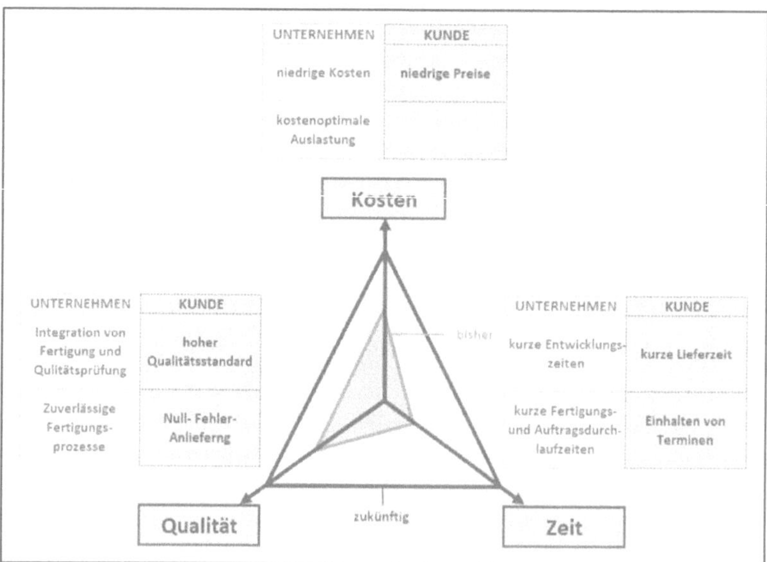

Abbildung 5: Kosten, Zeit und Qualität als bestimmende Faktoren für den Unternehmenserfolg

Die Abbildung illustriert, dass maximaler Unternehmenserfolg und vollkommene Kundenzufriedenheit mit Minimierung der Kostendimension, Reduzierung des Zeitumfangs und Steigerung des Qualitätsniveaus zu erzielen ist. Aufgrund unzählig möglicher Zielkonflikte sind diese Zielgrößen als gegenläufig zu bewerten, denn einen Faktor zu optimieren, hat in vielen Fällen eine Verschlechterung des Erfüllungsgrades eines anderen zufolge. Die Formulierung und Umsetzung von neutralen und komplementären Zielen bewirken eine Harmonisierung der Zieldimensionen und somit die Möglichkeit ein Gesamtoptimum anzustreben (Vgl. Bullinger, Warnecke 2008: 11ff.).

Je rentabler ein Unternehmen am Markt agiert, desto wettbewerbsfähiger wird es im Vergleich zu seinen Mitbewerbern eingeordnet. Die externe Bewertung der Wettbewerbskraft geschieht einerseits durch die Identifikation der Ertragssituation, welche *Ebene 1* darstellt, andererseits zeigt sie sich im Ergebnis von Marktstudien und Kundenumfragen, veranschaulicht durch *Ebene 2* der nachstehenden Abbildung (Vgl. Bauer 2016: 7f.).

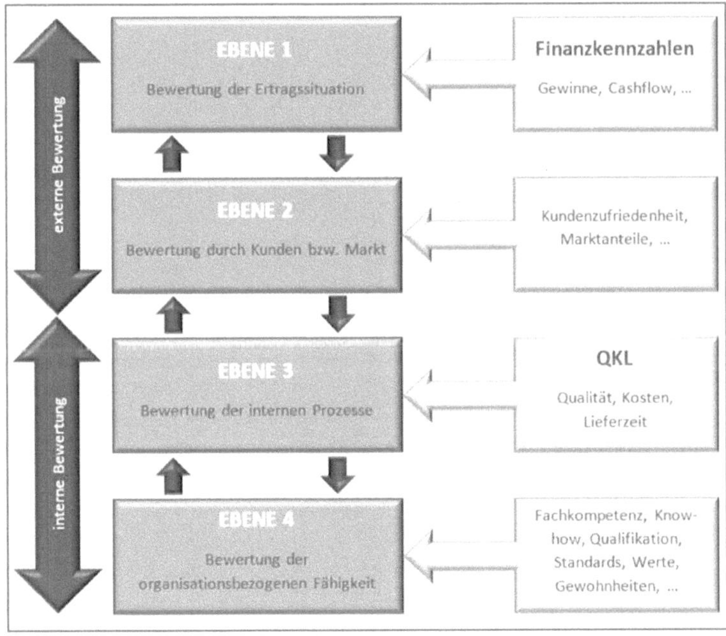

Abbildung 6: Die vier Ebenen der erweiterten Wettbewerbsfähigkeit (Vgl. Bauer 2016: 9)

Umfassender Unternehmenserfolg stellt sich bei Beachtung und Bearbeitung von vier Ebenen ein. Die Beurteilung muss um eine interne Perspektive, die Konstatierung von Prozessen bzw. dem Produktionssystem und der organisationsbezogenen Fähigkeit, erweitert werden. *Ebene 3* wird durch die Produktionsleistung bestimmt, wobei die Kenngrößen Qualität mit der Prozessfehlerquote, Kosten mit der Produktivität und Lieferzeit mit der Durchlaufzeit charakterisiert werden. Das geistige Kapital des Unternehmens, auf *Ebene 4* skizziert, umfasst beispielsweise Fachkompetenzen, Erfahrungen, Standards und Werte. Basierend darauf kann sich kontinuierliche Verbesserung der Unternehmensabläufe ausbilden. Es wird deutlich, dass eine starke Korrelation zwischen den einzelnen Ebenen herrscht, denn je nachhaltiger sich die organisationsbezogenen Leistungen entwickeln, desto prosperierender wird sich die Profitsituation herausbilden (Vgl. Bauer 2016: 8ff.).

3 Ganzheitliche Produktionssysteme

Das Toyota-Produktionssystem (TPS) wird als Ursprung jeder Lean Production anerkannt. Weltweit versuchen Unternehmen noch heute die Produktivität des TPS zu erreichen. Die erste Lean-Welle wurde durch Einführung einzelner, besonders erfolgversprechender TPS-Methoden initialisiert. Die anfänglichen Erfolge waren aufgrund der fehlenden Abstimmung eines Gesamtsystems nicht nachhaltig. Die konzertierte Realisierung der Prozesse mit einer konsequenten Explikation des geforderten Kundennutzens brachte schließlich die erwarteten Resultate. Das Ganzheitliche Produktionssystem war geschaffen (Vgl. Dombrowski, Mielke 2015: 15ff.).

3.1 Definition

Ganzheitliche Produktionssysteme (GPS) repräsentieren einen Ansatz zur konzeptionellen Realisierung und Anwendung von methodischen Vorgehensweisen im gesamten Unternehmen. Sie konkretisieren technische, soziale und organisatorische Aspekte, wobei sie sich auf die gesamte Wertschöpfungskette beziehen. Dieser zweidimensionale Leitgedanke stellt eine effiziente Produktion durch Anpassungs- und Lernfähigkeit im Kontext der kontinuierlichen Verbesserung sicher (Vgl. Dombrowski, Mielke 2015: 18ff.).

Elemente, die in Beziehung zueinander stehen und eine geordnete Gesamtheit bilden, werden als System definiert. In GPS stellen sie organisatorische Lösungen, sogenannte Methoden, dar, die mit dem Anspruch auf optimale Material- und Informationsflüsse untereinander vernetzt sind. GPS involvieren mehrere unterschiedliche, im Idealfall alle, Unternehmensbereiche, die Subsysteme, und sind Bestandteil einer Unternehmensumwelt, in der Lieferanten und Kunden agieren. So entstehen über die Systemgrenze hinweg Außenverbindungen zu Umweltelementen. In einem GPS herrscht eine Unternehmenskultur, die abhängig von der Vernetzungsqualität der Methoden, mehr oder weniger leistungs- und kundenorientiert von den Mitarbeitern realisiert wird (Vgl. Dillerup, Stoi 2013: 28f. und Spath 2003: 13).

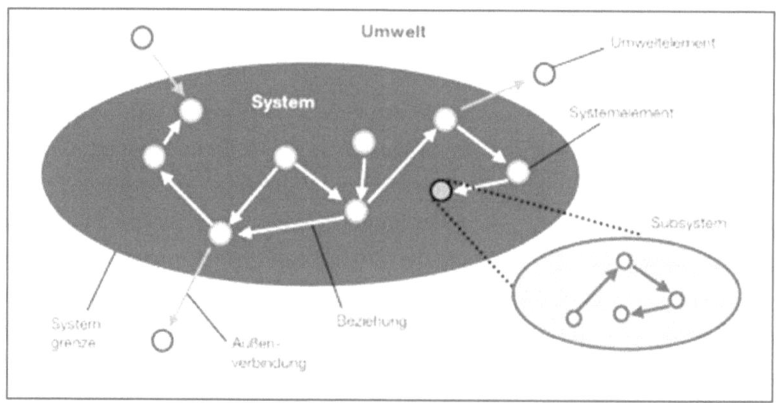

Abbildung 7: Bestandteile eines Systems (Vgl. Dillerup, Stoi 2013: 29)

In der Managementlehre werden mit dem Begriff Produktionssystem alle unternehmensinternen Strategien, Prinzipien und Methoden zur Wertschöpfung beschrieben. Ein Produktionssystem, gemäß der Produktionswirtschaftslehre, ist ein System in dem Produktion stattfindet, wie in einem Betrieb oder lediglich einem Fertigungssegment (Vgl. http://www.wirtschaftslexikon24.com/d/produktionssystem.htm). Produktion umfasst alle Aufgabenstellungen des Produktionsprozesses, demnach, neben Fertigung und Montage, auch Disposition, Logistik, Planung und Steuerung, Wartung und Instandhaltung sowie Qualitätssicherung und Personalentwicklung. Im Grunde genommen umfasst ein Produktionssystem das gesammelte Wissen, in Form von Maßnahmen und Arbeitsabläufen, das die Herstellung eines definierten Produktes ermöglicht (Vgl. Spath 2003: 13).

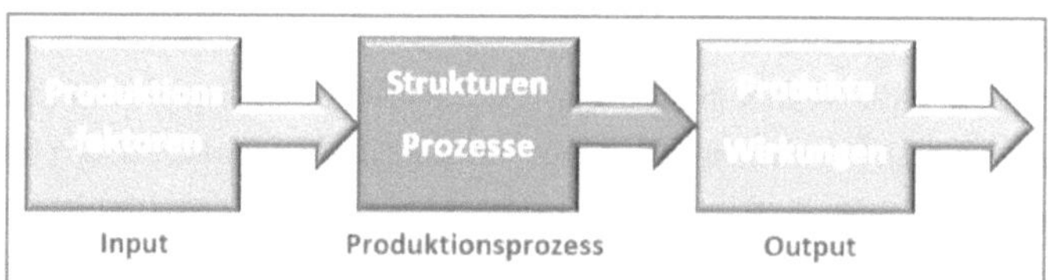

Abbildung 8: Der Transformationsprozess (Vgl. SlidePlayer 2017)

Der Transformationsprozess, in dem ein Input an Produktionsfaktoren durch Einsatz eines Produktionsprozesses zum Output an Erzeugnissen und Wirkungen modifiziert wird, kann nach atomistischer oder holistischer Sichtweise, ergo elementar- oder zusammenhangsbezogen, typisiert werden. Um die Effekte und das Verhalten eines Systems zu verstehen, müssen beide Perspektiven kombiniert werden. Diese sogenannte ganzheitliche Betrachtung berücksichtigt das Wechsel-spiel zwischen den Systemteilen und der Systemgesamtheit (Vgl. Dillerup, Stoi 2013: 29f.).

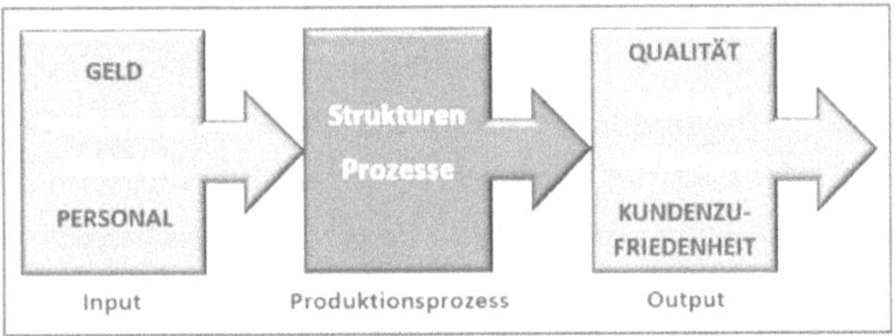

Abbildung 9: Ganzheitlicher Ansatz des Transformationsprozesses (Vgl. SlidePlayer 2017)

Das Wort ganzheitlich bedeutet, dass alle Aspekte einer Sache, wie Budget und Personal hinsichtlich des Inputs, als auch Qualität und Kundenzufriedenheit in puncto Output, in Erwägung gezogen und so in einem größeren Zusammenhang berücksichtigt und forciert werden können (Vgl. https://www.duden.de/rechtschreibung/ganzheitlich).

Genauer betrachtet ist ein GPS Teil eines Rationalisierungskonzepts das Kosten-reduktion, Produktivitäts- und Wettbewerbsfähigkeitssteigerung anstrebt. Es bündelt alle unternehmensbezogenen Regeln und Methoden als Leitfaden zur Er-reichung der Unternehmensziele, mit Prämisse darauf, eine kontinuierliche, kun-denspezifische Ausrichtung aller Unternehmensprozesse, von der Produktions-planung bis zum Versand, zu gewährleisten. Nachhaltiger Erfolg ist dann gegeben, wenn durch ein GPS die Auswahl der Gestaltungsprinzipien, Methoden und Werk-zeuge zwingend vorgegeben ist und sie einzeln aufeinander abgestimmt sind. Alle Mitarbeiter mussen das GPS und dessen Wirkungszusammenhänge verstehen, dieses Fortschrittsmanagement akzeptieren und die Inhalte konsequent umset-zen. Die Entwicklung der Unternehmenskultur hin zu einer generellen Verbesse-rungsmentalität ist Basis des Unternehmenserfolgs (Vgl. https://m.vdi.de/uploads/tx_vdirili/pdf/1717393.pdf).

Der Anwendungsbereich eines GPS erfasst alle Kern-, Führungs- und Unterstüt-zungsprozesse im Unternehmen. In der Praxis werden GPS auf die Auftragsab-wicklungsprozesse, mit den Teilprozessen Fertigung und Montage, und Förde-rungsprozessen, Logistik, Human Ressource-, Qualitäts- sowie Instandhaltungs-management, limitiert. Es ist zu beachten, dass die drei Betrachtungsebenen, Un-ternehmen, Standort und Arbeitsplatz aufgrund der Wechselwirkungen kollektiv redigiert werden müssen (Vgl. https://www.vdi.de/uploads/ tx_vdirili/pdf/1915954.pdf).

3.2 Aufbau

Da sich GPS in der betrieblichen Praxis unternehmensbezogen entwickelt haben, umfassen sie differenzierte Inhalte, Strukturen und Definitionen. Die Richtlinie VDI 2870 soll ein einheitliches Begriffsverständnis fördern und Empfehlungen für die Gestaltung eines GPS beinhalten. Diese Handlungsanweisung bezieht sich auf eine allgemein vergleichbare Basisstruktur, wodurch durchgängige Adaptierbarkeit gewährleistet wird. Erst unternehmensintern werden GPS spezifisch den Unternehmenszielen nach harmonisiert.

GPS folgen der VDI 2870 nach einem hierarchischen Aufbau in vier Ebenen: Ziele, Unternehmensprozesse, Gestaltungsprinzipien als auch Methoden und Werkzeuge. Beispielsweise kann als oberstes Ziel die Verbesserung der Qualität definiert werden. Daraus können Teilziele, wie die nachhaltige Prozessbeherrschung in der Fertigung und die montagegerechte Produktauslegung abgeleitet werden. Somit sind die Unternehmensprozesse Fertigung und Entwicklung, inklusive der einzelnen Prozessschritte je Abteilung, involviert. Als Gestaltungsprinzip zur Zielerreichung kann exemplarisch das Null- Fehler- Prinzip herangezogen werden, welches mit den gewählten Methoden Statistische Prozesskontrolle und Poka-Yoke sowie den jeweils dazugehörigen Werkzeugen bewerkstelligt werden kann (Vgl. Dombrowski, Mielke 2015: 26f.).

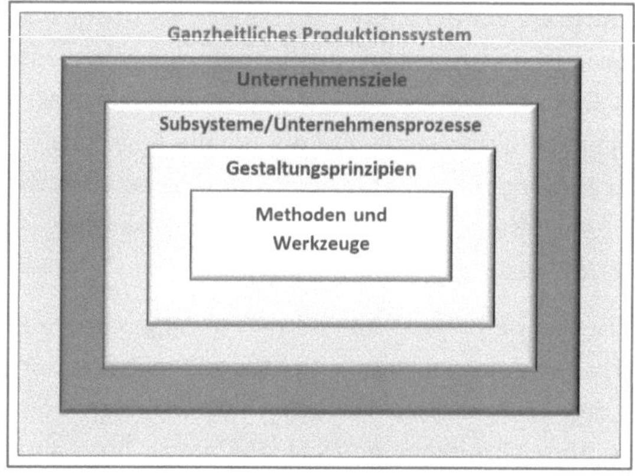

Abbildung 10: Ordnungsrahmen von GPS (Vgl. Rauch 2013: 42)

Die Modularität eines GPS kann nach zwei verschiedenen Perspektiven strukturiert werden. Einerseits ist es möglich sie inhaltlich anhand von ausgewählten oder ausgeschlossenen Zielen, Methoden und Werkzeugen auszugestalten, andererseits kann mittels Selektion von zu involvierenden oder nicht zu berücksichtigenden Subsystemen bzw. Unternehmensbereichen eine Charakterisierung von GPS geschehen. Das Gesamtsystem eines GPS soll als Realisierung der Unternehmensphilosophie funktionieren (Vgl. Dombrowski et al. 2006: 555f.).

Die Implementierung von GPS kann nach dem Modell der VDI 2870 in vier übergreifenden Phasen, Konzeption, Implementierung, Übergang und Betrieb, erfolgen. Jeder Abschnitt wird durch unterschiedliche thematische Schwerpunkte definiert. Während anfangs die Unternehmensführung und -kultur eine hohe und entscheidende Bedeutung für die Projektierung darstellen, sind die weiteren Pilotierungsetappen von der Einführungsorganisation und dem Management der Veränderung geprägt. Die Umsetzung eines GPS ist ein komplexes Vorhaben. Führungskräfte werden mit Widerstand gegen Veränderungen, Unsicherheit und Zweifel konfrontiert. Darum sind Prozess- und Fachkompetenz sowie ausgeprägte Kommunikationsfähigkeit der Beauftragten für den Implementierungserfolg entscheidend (Vgl. Dombrowski, Mielke 2015: 174ff.).

3.3 Ziele

Im Anbietermarkt der Vergangenheit realisierten Unternehmen eine hochproduktive Massenfertigung, um mit preiswerten Erzeugnissen den Unternehmenserfolg zu sichern. In der Zwischenzeit vollzog sich ein Wandel zu multiplen Herausforderungen, der die gleichzeitige Verfolgung mehrerer Ziele, welche neben der Produktivität zusätzlich Wandlungsfähigkeit, Flexibilität, Kundennähe und Transparenz involvieren, erforderlich machte (Vgl. Spath 2003: 16).

Ein Maximum an Flexibilität im gesamten Produktionsunternehmen ist Garant dafür, auf kurzfristige Trends und dynamisches Konsumverhalten erfolgreich reagieren zu können. Die Reaktionsfähigkeit erschließt sich aus der Geschwindigkeit, mit welcher ein Produktionssystem sich den verändernden Marktzielen und den eigenen Unternehmenszielen in Bezug auf Mengen, Produktmix und -varianten angepasst werden kann. Mit dieser Entwicklung steigt die Komplexität, die mit einem Kostenanstieg einhergeht. Ein standardisierter, modularer Systemaufbau, wie mit GPS verfolgt wird, entkräftet diese Problematik. Die Wandlungsfähigkeit ist mit der Unternehmensstrukturierung in operative Funktionseinheiten, mit regelgebundenem Aufbau und Ablauf, die beliebig in Anordnung und Sequenz verändert werden können, begründet (Vgl. Rauch 2013: 29f.).

Die Erfolgsauswirkungen von GPS sind an die zwei modularen Betrachtungsmöglichkeiten des Systemaufbaus gekoppelt. Qualitativen Nutzen erreicht man mit konzeptioneller, quantitativen mit inhaltlicher Zielverfolgung. Finanzielle und zeitliche Ausgangsvoraussetzungen des Projekts, individuelle Unternehmenscharakteristika sowie Methodenauswahl und Qualität der Umsetzung werden sich in unterschiedlichen Ergebnissen manifestieren. Während die Veränderungen von Leistungskennzahlen offensichtlich Erfolg oder Misslingen widerspiegeln, ist das Vorhaben einer umfassenden Neuausrichtung von Unternehmensbereichen in der Wirksamkeit komplexer zu interpretieren (Vgl. Merl 2016: 45f.).

In der VDI 2870 ist als Hauptziel von GPS die kostengünstigste Auftragsabwicklung angeführt. Neben Effizienzsteigerungen werden mit ihnen weitere Nutzenpotenziale ausgeschöpft.

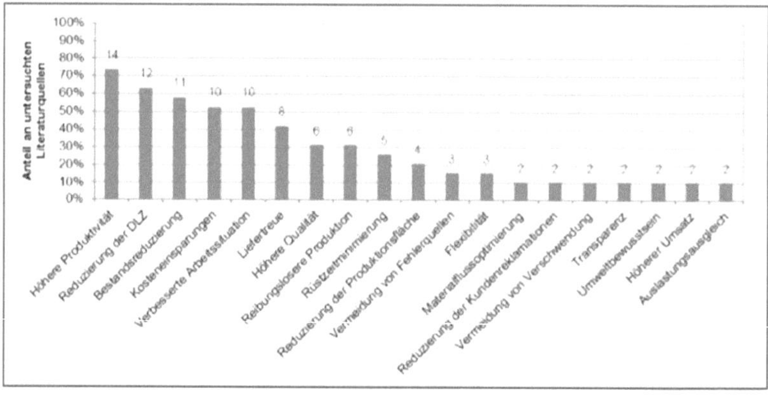

Abbildung 11: Nutzenarten von GPS; Analyse von 19 Literaturquellen

Mehr als die Hälfte der von Merl untersuchten Literaturquellen führen an, dass höhere Produktivität, Reduzierung der Durchlaufzeit und der Bestände, Kosteneinsparungen und eine verbesserte Arbeitssituation mit der Anwendung von GPS angestrebt werden. Die Abbildung spiegelt die Abkehr von der Fokussierung auf Rationalisierungsbestrebungen hin zu universeller Optimierung der Zieldimensionen Kosten, Qualität und Zeit wider. Mit einem GPS werden diese Bedeutungen durch Standardisierung der Arbeitsabläufe, stärkere Kontrolle der Prozesse, Verkürzung der Wartezeiten, Vermeidung von überflüssigen Transporten und unnötigen Bewegungen, Reduktion der Lagerhaltungen, Ausschluss von fehlerhaften

Teilen und Motivation der Beschäftigten durch zusätzliche Anforderungen konkretisiert und im primären Ziel, kundenorientiert und wirtschaftlich zu produzieren, zentralisiert (Vgl. https://www.igbce.de/vanity/renderDownloadLink/4202/98030 2015).

Die Dekomposition des Nutzens nach der VDI 2870 zeigt erreichbare Nutzenpotenziale von GPS, strukturiert nach zwei parallel realisierbaren Perspektiven, auf. Der Bereich Kostenreduzierung gliedert sich in die Sparte des effektiven Einsatzes von Elementarfaktoren und in die Verschwendungsvermeidung von dispositiven Faktoren hinsichtlich Planung, Organisation und Überwachung und stellt damit den Rationalisierungsnutzen dar. Die andere Komponente beinhaltet Kundenzufriedenheits- und Absatzerhöhung mit den Gebieten kurze Lieferzeiten bei hoher Lieferleistung und Qualitätsverbesserung und bildet den Performanceverbesserungsgewinn ab. Dieser Leitfaden ist ganzheitlich ausgerichtet und unterstützt mit detaillierten Handlungsmaßnahmen eine umfassende Zielkonfiguration (Vgl. Merl 2016: 50f.).

3.4 Gestaltungsprinzipien

Prinzipien sind Richtlinien, die einem Handeln zugrunde liegen. Sie können als allgemein gültige Grundregeln, im technischen Sinn als Gesetzmäßigkeiten und als fester Lebensgrundsatz interpretiert werden. Sie sind abstrakt und stellen ein theoretisches Fundament dar (Vgl. https://www.duden.de/rechtschreibung/Prinzip).

Anhand von Gestaltungsprinzipien werden Methoden und Werkzeuge dem Zweck nach kategorisiert und so gewährleistet, dass ein Ganzheitliches System entsteht. Je Gestaltungsprinzip wird ein definierter Themenbereich abgedeckt, der zur erfolgreichen Umsetzung von Unternehmenszielen in den diversen Unternehmensprozessen fungiert. Nach der VDI 2870 wird eine Aufschlüsselung von Gestaltungsprinzipien in die Bereiche Kontinuierlicher Verbesserungsprozess, Standardisierung, Null- Fehler- Prinzip, Fließprinzip, Pull- Prinzip, Mitarbeiterorientierung und zielorientierte Führung, Visuelles Management sowie Vermeidung von Verschwendung vorgenommen (Vgl. Dombrowski, Mielke 2015: 29).

Abbildung 12: Gestaltungsprinzipien Ganzheitlicher Produktionssysteme nach VDI 2870 (Vgl. Dombrowski, Mielke 2015: 29)

Für eine unternehmensspezifische Ausgestaltung eines GPS mit effektiven Gestaltungsstrategien müssen vorab die Einflusskategorien Marktstrategie, Menschenbild, Einschätzung der Planbarkeit und die Unternehmensgröße analysiert werden. Durch eine systematische Assimilation an die Kundenbedürfnisse können geforderte, chancenreiche Alleinstellungsmerkmale aufgedeckt und in eine fundierte Marktposition investiert werden. Die Mitarbeiter als Leistungsträger oder -verweigerer wahrzunehmen manifestiert sich in verfügbarem Innovationspotenzial, geistiger Flexibilität und operativer Leistungsfähigkeit. Eingeschränkte Planbarkeit zeichnet sich durch hohe indirekte Aufwände und Defizite bei operativem Arbeitsvermögen ab. Je weniger Bürokratie durch verminderte Schnittstellen bei der Arbeitsteilung aufgewendet werden muss, desto mehr Planungskapazität kann daraus resultieren. Die Unternehmensgröße bedingt aufgrund unterschiedlicher personeller und monetärer Dimensionen die Übersichtlichkeit, den Informationsfluss und die Komplexität der Lösungen (Vgl. Spath 2003: 85ff.).

In der Konfiguration von GPS können vier Perspektiven unterschieden werden. Die logistische Sichtweise umfasst die Ausrichtung der Produktion auf Kundenaufträge und einer bedarfsgerechten Lieferung sowie minimierte Lagerhaltung und Fließprozesse. Der qualitative Aspekt stellt transparente, standardisierte Prozesse und die Verantwortung der Beschäftigten für den Arbeitsprozess in den Fokus. Der industrielle Faktor zielt auf Optimierung der Produktionsabläufe durch Reduzierung

nicht wertschöpfender Tätigkeiten, kontinuierliche Verbesserungsprozesse und stärkere Einbeziehung der Beschäftigten ab. Mit der arbeitspolitischen Perspektive werden Aufgabenerweiterung und Beteiligung wie auch die Einführung von Gruppen- und Teamarbeit thematisiert (Vgl. https://www.igbce.de/vanity/ renderDownloadLink/4202/98030 2015).

3.5 Methoden und Werkzeuge

Ein Produktionssystem wird gemäß der explorierten Einflüsse nach Gestaltungsprinzipien ausgelegt, die konkrete Lösungen, sogenannte Methoden, implizieren. Art und Anzahl der ausgewählten, an den Unternehmenszielen und den Kundenbedürfnissen ausgerichteten und strukturiert angewandten Methoden sind frei wählbar und erlauben dadurch eine unternehmensindividuelle Gestaltung (Vgl. Spath 2003: 92).

Methoden sind standardisierte, nachvollziehbare Vorgehen, mit denen definierte Zielsetzungen, wie eine spezifische Problemlösung oder wirtschaftliche und funktionale Aufgabenstellungen, angestrebt werden. Methoden sind anwenderunabhängig in der Ausführung und Interpretation, lehrbar, beruhen auf Prinzipien und sind von einfachem und leicht verständlichem Aufbau. Sie unterscheiden sich in der Einsatzart nach Optimierungs-, Gestaltungs- und Basiselementen. Erstere dienen der Systemverbesserung und werden temporär eingesetzt, während die weiteren Instrumente kontinuierlich und aufgabenübergreifend funktionieren. Methoden werden mit Hilfe von physisch vorhandenen Werkzeugen, wie Fragebögen oder Ablaufbeschreibungen, umgesetzt. Mehrere Werkzeuge können einer Methode zugeordnet sein, wobei die Ausrichtung an den Gestaltungsprinzipien sicherstellt, dass sie nicht gegensätzlich zueinander wirken (Vgl. Dombrowski, Mielke 2015: 30).

Die Methodensammlung in der VDI 2870 umfasst gemäß den acht oben genannten Gestaltungsprinzipien 35 Methoden, die mittels Datenblatt eindeutig definiert sind. Dokumentiert werden jeweils Bezeichnung, Synonyme, ergänzende Methoden, Werkzeuge, Ziele, Durchführung, Wirkung, Potenziale, Risiken und Abbildungen sowie eine qualitative Bewertung des Wirkungsausmaßes auf die Zieldimensionen Qualität, Kosten und Zeit. Die fertigungsnahe Auslegung der GPS- Thematik in der VDI 2870 erfordert bei Anspruch auf ganzheitlicher Ausgestaltung aller Unternehmensbereiche die Identifikation und Aufbereitung von weiteren Methoden die für eine allumfassende Anwendung geeignet sind (Vgl. Dombrowski, Mielke 2015: 30).

Gestaltungsprinzip	Methode
Vermeidung von Verschwendung (Kapitel 4.1.)	Chaku- Chaku Low Cost Automation Total Productive Maintenance Verschwendungsbewertung
Kontinuierlicher Verbesserungsprozess (Kapitel 4.2.)	Audit Benchmarking Cardboard Engineering Ideenmanagement PDCA
Standardisierung (Kapitel 4.3.)	5S Prozessstandardisierung
Null- Fehler- Prinzip (Kapitel 4.4.)	5W 8D- Report A3- Methode Autonomation Ishikawa- Diagramm Kurze Regelkreise Poka Yoke Six Sigma Statistische Prozessregelung Werkerselbstkontrolle
Fließprinzip (Kapitel 4.5.)	FIFO One Piece Flow Schnellrüsten Wertstromplanung U- Layout
Pull- Prinzip (Kapitel 4.6.)	JIT Kanban Milkrun Nivellierung Supermarkt
Mitarbeiterorientierung und zielorientierte Führung (Kapitel 4.7.)	Hancho Zielmanagement
Visuelles Management (Kapitel 4.8.)	Andon Shopfloor Management

Tabelle 1: Gestaltungsprinzipien und Methoden der VDI 2870 (Vgl. Dombrowski, Mielke 2015: 31)

Diese Tabelle stellt das Paradigma für die Abhandlung im nächsten Kapitel dar.

Es ist unerlässlich, sich intensiv mit den Prinzipien und Methoden auseinanderzusetzen, um zu verstehen, welche Lösungen welchen Gestaltungsstrategien folgen und wie das Output einer Maßnahme sich als Input einer anderen eignet. Grundsätzlich ist bei einer Auswahl an zahlreichen, konstruktiven Handlungsweisen die einfachste Methode zu implementieren, denn die Reduzierung an Komplexität ist von zusätzlichem Wert. Lösungen die bereits praktiziert werden, müssen auf Synchronität zu erwählten Prinzipien und Maßnahmen geprüft werden (Vgl. Spath 2003: 94f.).

4 Die acht Gestaltungsprinzipien

Die erfolgreiche Umsetzung von Unternehmenszielen kann mit der systematischen Konkretisierung der standardisierten Verfahrensweisen, Gestaltungsprinzipien und Methoden nach der VDI- Richtlinie 2870 effektiver und effizienter sichergestellt werden, denn dieses Regelwerk zentralisiert umfassend theoretisches literarisches und praktisches unternehmerisches GPS- Wissen. Die oben angeführte Tabelle 1 spiegelt Komponenten dieses GPS- Katalogs wieder und wird im Folgenden präziser charakterisiert.

4.1 Vermeidung von Verschwendung

Vermeidung von Verschwendung ist das wichtigste Gestaltungsprinzip im Hinblick auf die Erhöhung der Wirtschaftlichkeit innerhalb der Produktion und Maximierung der Wertschöpfung. Wertschöpfende, nicht wertschöpfende und nicht wertschöpfende, aber notwendige Tätigkeiten müssen identifiziert und gegeneinander abgegrenzt werden, bevor Funktionen aus Prozessen ausgegliedert werden. Wertschöpfende Handlungen erhöhen den Wert eines Produkts aus Sicht des Kunden, der dafür bereitwillig bezahlt, im Gegensatz zu nicht wertschöpfenden Verrichtungen, die als Verschwendung angesehen werden. Beispielsweise sind Umrüstprozesse im Zuge der Leistungserbringung unumgänglich, aber aus Kundenperspektive nicht von Bedeutung, und daher nicht monetär zu kompensieren (Vgl. Stoesser 2017: 12).

	Art der Verschwendung	
T	Transport	Transport
I	Inventory	Bestände
M	Motion	Bewegungen
W	Waiting	Wartezeiten
O	Overprocessing	Unnötige Bearbeitungsschritte
O	Overproduction	Überproduktion
D	Defects	Ausschuss und Nacharbeit

Tabelle 2: Sieben Arten der Verschwendung (Vgl. Stoesser 2017: 12)

In Tabelle 2 ist eine anerkannte Einteilung von sieben Arten der Verschwendung, die sogenannte *TIMWOOD*, dargestellt und wird nachfolgend erläutert.

Transport

Transporte im Unternehmen sind nicht wertschöpfend und müssen durch optimierte Layoutplanung und einhergehenden effizienten Materialfluss minimiert werden. Die örtliche Strukturierung der Arbeitsbereiche soll gemäß dem Produktentstehungsprozess vorgenommen werden. Werkzeuge befinden sich ausnahmslos und vollzählig am Arbeitsplatz. Unregelmäßigkeiten im Prozessablauf verursachen Bestandserhöhungen vor einem nachfolgenden Arbeitsschritt, welche mit Zwischenlagerungen kompensiert werden müssen. Dadurch erhöht sich der Organisationsaufwand, Bestandskosten steigen und mit zunehmendem Handling erhöht sich das Risiko die Zwischenerzeugnisse und Betriebsausstattung zu beschädigen. Verschwendung von Verpackungsmaterial und Arbeitskraft sowie unnötige Transportmittelnutzung und Wartezeiten sind die Folge (Vgl. Dombrowski, Mielke 2015: 36).

Inventory - Bestände

Bestände können ursachenabhängig nach drei Arten kategorisiert werden. Rohmaterial- und Zulieferteilpuffer, die Unregelmäßigkeiten in der Versorgung ausgleichen, Zwischenbestände, die sogenannten WIP, die innerhalb der Wertschöpfungskette durch Ablaufgütemängel verursacht werden, und das Fertigwarenlager, mit welchem Kundennachfrageschwankungen bewältigt werden. Bestände scheinen, in diesem Kontext, mit Absicht aufgrund externer Bedingungen geschaffen zu werden, jedoch resultieren sie aus Produktionsproblemen, wie einer hohen Ausschussquote, langen Rüstzeiten und Maschinenausfällen.

Hohe Bestände bedeuten Durchlaufzeitverlängerung, Zunahme der Lagerhaltungskosten und wachsendes Wertminderungsrisiko als auch das Veralten der Produkte (Vgl.http://dieoptimierer.at/die-7-arten-der-verschwendung-in-der-produktion 2015).

Motion - Bewegungen

Ursachen überflüssiger Bewegungen sind insuffizient geplante Arbeitsplätze, die keine oder makelhafte Standardisierung aufweisen und aus ergonomischer Sicht unzulänglich ausgestattet sind. Infolgedessen erhöhen sich Wege- und Suchaufwand. In der Massenproduktion können einseitige, im Takt zügig aufeinanderfolgende Hol-, Hebe- und Drehbewegungen langfristige Gesundheitsschäden konstituieren. Gesundheitliche Probleme, im Speziellen Schmerzen der Glieder und des Rückens, wirken sich negativ auf die Arbeitsleistung und -qualität aus, was die Bearbeitungszeit verlängert, das wiederum eine höhere Durchlaufzeit bedeutet.

Additional steigen die Fehlerquoten und Abwesenheitszeiten aufgrund von Krankmeldungen (Vgl. Regber, Zimmermann 2013: 32f.).

Waiting - Wartezeiten

Unvorhergesehenes Warten passiert aufgrund von Störungen im Materialfluss oder an Maschinen und kann mit robusten Prozessen reduziert werden. Das Warten von Mitarbeitern auf die Beendigung eines Bearbeitungsschrittes oder im Zuge von programmgemäßem Rüsten oder Instandhalten von Betriebsmitteln wie auch auf Qualitätsfreigaben ist unnötige Verschwendung und muss durch angemessene Arbeitsorganisation sowie Flexibilität in der Arbeitszeit und dem Arbeitsinhalt unterbunden werden. Ebenso verhält es sich mit den Liegezeiten der Produkte aufgrund unabgestimmter Taktzeiten und Losgrößen. Synchronisierte Fertigungsprozesse mit ausgeglichener Taktzeit minimieren Durchlaufzeiten und belasten den Arbeitnehmer weniger stark (Vgl. Regber, Zimmermann 2013: 29f.).

Overprocessing - Unnötige Bearbeitungsschritte

Werden Prozesse und Tätigkeiten an Produkten geleistet, die für die Erfüllung der Kundenanforderungen nicht notwendig sind, oder werden bewusst Erzeugnisse mit höheren Spezifikationen hergestellt als vereinbart, handelt es sich um Verschwendung, da der Mehraufwand nicht entgolten wird und so lediglich effizienzmindernd ausgewiesen werden muss. Beispielsweise ist die Lackierung von Teilen, die im Endprodukt und bei gewöhnlichem Gebrauch verdeckt sind, Vergeudung von Ressourcen. In der Bearbeitung sind unnötige Bearbeitungsschritte auf unzureichende Prozessplanung oder praxisfernen Kenntnisstand zurückzuführen, dem mit Standardisierung entgegengewirkt werden kann (Vgl. Dombrowski, Mielke 2015: 37).

Overproduction - Überproduktion

Werden mehr Produkte gefertigt, als der Kunde bestellt hat oder werden Erzeugnisse vor der fristgerechten Erfüllung der Aufträge fertiggestellt, spricht man von Überproduktion. Ursächlich dafür sind Produktionspläne, die eine Auslastungsgarantie verfolgen oder nach geschätztem Bedarf aufgestellt wurden, methodische Bestandserhöhung, um aufgrund von geringer Flexibilität in der Produktion Lieferschwierigkeiten zu verhindern, und fehlgeschlagene Abstimmung zwischen einzelnen Prozessabläufen. Mit Steigerung der Bestände wird mehr Umlaufkapital gebunden, dem Verbrauch an Rohstoffen, Energie, Arbeits- und Maschinenlaufzeiten stehen keine Einnahmen gegenüber und das Risiko, Wertberichtigungen wegen Produktänderungen vornehmen oder Sonderverkaufspreisaktionen durchführen zu müssen, wächst (Vgl. Regber, Zimmermann 2013: 28f.).

Defects - Ausschuss und Nacharbeit

Während Ausschuss eine gänzliche Verschwendung darstellt, ist dies bei der Nacharbeit durch Reparatur des Fehlers nur teilweise gegeben. Die Fehlerquote sinkt aber deswegen nicht. Interne Fehler werden vor der Auslieferung identifiziert und wirken sich ausschließlich kosten- und aufwandsspezifisch aus. Externe Fehler können bestenfalls mit Gewährleistungen kompensiert werden, der Verlust von Kunden und somit Marktanteilen ist nicht auszuschließen. Folglich muss ein Defekt in der Wertschöpfungskette beizeiten lokalisiert werden. Geeignete Prüfverfahren und -geräte, geschultes, qualifiziertes Personal, funktionsorientierte Qualitätssicherung und integrierte Qualitätskontrolle sind dafür unerlässlich (Vgl. Regber, Zimmermann 2013: 33f.).

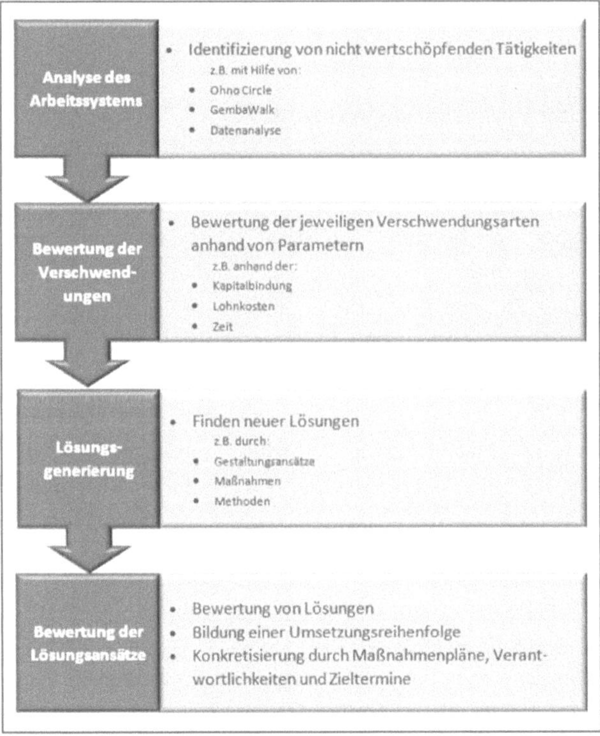

Abbildung 13: Vorgehensweise der Verschwendungsbewertung nach VDI 2870 (Vgl. Dombrowski, Mielke 2015: 41)

Die Verschwendungsbewertung ist die erstrangige Methode, um das Gestaltungsfeld Vermeidung von Verschwendung zu konzipieren. Im ersten Schritt ist eine Abgrenzung des zu untersuchenden Arbeitssystems erforderlich, was etwa mit dem GembaWalk, dem Gang durch den Ort des Geschehens, oder dem Ohno Circle, die Beobachtung der Prozesse von einem definierten Standort aus, erfolgen kann. Es folgt eine Bewertung der ermittelten Verschwendungsarten nach festgelegten Parametern, welche Kapitalbindungskosten, Lohnkosten oder die Zeit sein können. Mit der Lösungsgenerierung werden Gestaltungsansätze, Maßnahmen und Methoden für die Verschwendungsminimierung ermittelt, die im letzten Schritt bewertet und konkretisiert werden (Vgl. Dombrowski, Mielke 2015: 41f.).

Weitere geschätzte Handlungsweisen sind die Low Cost Automation, die Produktivitätssteigerung und Bestandsreduzierung berücksichtigt, Chaku, das auf hohe Ausbringungsflexibilität bei gleichbleibender Produktivität abzielt und TPM, mit dem die Verfügbarkeit und Lebensdauer bestehender Anlagen maximiert werden soll (Vgl. Dombrowski, Mielke 2015: 42ff.).

4.2 Kontinuierlicher Verbesserungsprozess

Das Prinzip des Kontinuierlichen Verbesserungsprozesses (KVP) beruht auf der Anschauungsweise, dass jeder Vorgang als Prozess betrachtet und als solcher schrittweise potenziert werden soll. KVP ist als prozessorientierte Denk- und Verhaltensweise Teil der Unternehmensphilosophie und unterliegt deshalb keiner zeitlichen Begrenzung. Ziel von KVP ist eine persistente Optimierung der Reduzierung von nicht wertschöpfenden Tätigkeiten und Vermeidung von Verschwendung, die Verbesserung von Arbeitsabläufen und Maschinennutzung sowie die Optimierung der Leitdimensionen Qualität – Kosten – Zeit – Umwelt, unter Einbeziehung aller Mitarbeiter, um gleichzeitig die Eigenverantwortlichkeit und die Begeisterung für den Modifikationsprozess zu entwickeln und zu stärken (Vgl. Brunner 2014: 43f.).

Die vier Grundsätze des KVP, Erhalten und Verbessern, Prozess- und Kundenorientierung als auch Zahlen- Daten- Fakten- Analyse, bilden die Ansprüche an Ganzheitlichkeit ideal ab. Es werden Standards gesichert und auf ein höheres Niveau angehoben, Prozesswissen permanent ausgebaut, Prozessketten als Kunden- Lieferanten- Beziehung verstanden und Probleme werden analytisch erfasst, was die geforderte Objektivität in GPS widerspiegelt (Vgl. Dombrowski, Mielke 2015: 53f.).

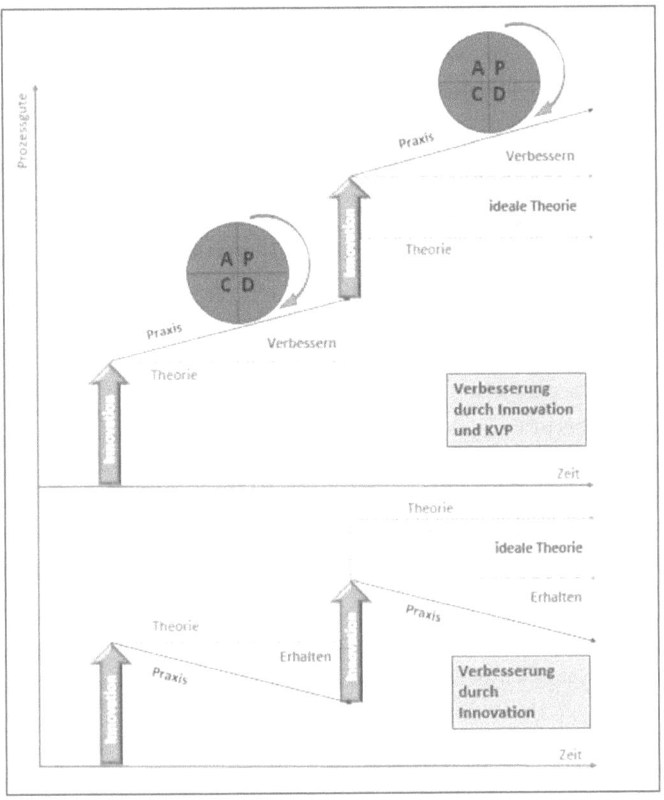

Abbildung 14: Verbesserung durch Innovation - Verbesserung durch Innovation und KVP

Bei der Verbesserung durch Innovation und KVP kann, im Gegensatz zu der Methode ohne KVP, durch ständige Optimierungsaktivitäten der bis dato perfektionierte Stand der Prozessgüte erhalten und darüber hinaus durch neue Standards weiterentwickelt werden. Ursächlich dafür ist der sogenannte PDCA- Zyklus, eine Methode die nach dem Phasenrezept Plan – Do – Check – Act vorgenommen wird. Bevor ein Prozess verbessert werden kann, muss Stabilität gegeben sein, die mit Standardisierung effektiv erzielt werden kann. Mit dem ersten Schritt, *Plan*, muss die Verbesserungsplanung realisiert werden. Problemursachenidentifizierung, Zielzustandskonzeption und -festlegung sowie einen Aktionsplan um das Ideal zu erreichen müssen abgearbeitet werden. In *Do*, die zweite Stufe, werden die zuvor geplanten Aktivitäten umgesetzt und in *Check*, der dritten Ebene, werden die Auswirkungen beobachtet. Das Resultat wird mit den geplanten Sollwerten verglichen und eine Entscheidung über Akzeptanz oder Neubeginn beim ersten Schritt getroffen. In *Act*, der vierten Maßnahme, werden die Handlungsweisen in einem neuen Standard gebündelt und bei konsequenter Verfolgung der Regelung nachhaltige Verbesserung impliziert (Vgl. Kamiske 2005: 198ff.).

Weitere Methoden sind das Audit, Benchmarking, Cardboard Engineering und Ideenmanagement, welche den einzelnen Schritten im PDCA- Zyklus zugeordnet werden können. Das Ideenmanagement ist im Rahmen der *Plan*- Ebene umzusetzen, während das Cardboard Engineering dem gesamten PDCA- Ablauf nützlich sein kann. Das Konzept der Methode verfolgt eine physische, realistische Simulation von Arbeitssystemen, um Gestaltungsalternativen zu testen und für Mitarbeiter erfahrbar machen zu können. Audits, vornehmlich in *Check* und *Act* verwendet, dienen der Überprüfung des Erfüllungsgrades von Methoden und Werkzeugen gemäß ihren standardisierten Anforderungsprofilen und leisten so großen Beitrag zur kontinuierlichen Ermittlung von Verbesserungspotenzialen. Unter Benchmarking ist die Gegenüberstellung von Wettbewerbspositionen konkurrierender aber auch branchenfremder Unternehmen oder von Unternehmensprozessen innerhalb eines Unternehmens zu verstehen. Der systematische Kennzahlenvergleich dient als Ausgangspunkt des Einsetzens von KVP und als finale Überprüfung der Entwicklungsarbeit (Vgl. Dombrowski, Mielke 2015: 56ff.).

4.3 Standardisierung

In einem GPS beschreibt ein Standard den Ablauf eines Unternehmensprozesses. Einzelaktivitäten und Teilprozesse werden spezifiziert beschrieben und durch eine personen- und ereignisunabhängige Arbeits- oder Verfahrensanweisung generalisiert. Die Richtlinien sind nach aktuellem Kenntnisstand sachlich im Ablauf normiert und zeitlich determiniert. Sie umfassen additiv Vorgaben zu Prozesseigenschaften, Qualitätssicherungsmaßnahmen und Prozess- sowie Ergebniskennzahlen. Prozessstandards grafisch darzustellen, erschöpfend zu dokumentieren und unbeschränkt zugänglich zu machen, ist unerlässlich im Optimierungsbestreben. Die mit dem verbindlichen Handlungsrahmen geschaffene Transparenz in der Ablauf- und Aufbauorganisation unterstützt das effiziente und nachhaltige Einarbeiten und Schulen von Mitarbeitern. Verantwortungsbereiche sind eindeutig zugeordnet, Schwachstellen können visuell identifiziert, Prozesse simpel kontrolliert und das Prozessergebnis kontinuierlich auf hohem Niveau gehalten werden (Vgl. Krüger 2004: 171ff.).

	Vorteile	Nachteile
Kapazitätsaspekte	• Entlastung: Verkleinerung des Entscheidungsvolumens • Produktivitätssteigerung durch Wiederholung und schnelle Erlernung von Aktivitäten	• Gefahr der schematischen Behandlung oder Vernachlässigung innovativer Aufgaben sowie wichtiger Einzelfälle • Verkümmerung von ungenutztem „Human Capital" • Tendenz zur Beschränkung der individuellen Leistung auf die geforderten Minimum- Standards
Koordinationsaspekte	• Integration: sachliche und zeitliche Abstimmung • Kontrolle: Erleichterung von persönlicher Kontrolle durch den Vorgesetzten	• Verlust von individueller und gruppendynamischer Selbstkontrolle • Reduktion der Anpassungsfähigkeit der Individuen und des Systems
Aspekte der Entscheidungsqualität	• Stabilisierung des Systems durch personenunabhängige Entscheidungsprozesse und Invarianz gegenüber Umweltstörungen • Objektivierung: Reduktion subjektiver Wertung, geringe Suboptimierung	• Vernachlässigung nicht programmierbarer Aspekte von Problemen • Verlust an Initiative zu innovativem Verhalten • Tendenz zu buchstabengetreuem anstatt situationsgerechtem Verhalten
Personenbezogene Aspekte	• Reduktion von Willkür und persönlicher Abhängigkeit • Risikoentlastung	• Minderung des Arbeitsinteresses • Gefahr der Monotonie und Unterforderung

Tabelle 3: Vor- und Nachteile von umfassenden Standardisierungsmaßnahmen
(Vgl. Krüger 2004: 174)

Eine Prozessstandardisierung eignet sich für operative Prozesse mit hohem Wiederholungsgrad, bei denen auftretende Probleme eindeutig klassifiziert und behandelt werden können, besser, als für strategische Handlungsfelder, die nach innovativen und individuellen Lösungen verlangen. Die Tabelle der Vor- und Nachteile zeigt, dass mit dem Aufbau einer durchgängigen Regularität die Unternehmensarbeit organisiert, effektiv und effizient ablaufen kann. Subjektivität wird durch Normen restringiert, psychische und physische Belastungen mit Modularisierung und strukturierter Flexibilität minimiert. Hemmend wirkt sich Standardisierung auf soziale Sachverhalte, wie Teamfähigkeit, Kommunikationsfähigkeit und Betriebsklima aus, weil persönliche Gestaltungsmöglichkeiten am Arbeitsplatz begrenzt werden und folglich die Motivation leidet (Vgl. Krüger 2004: 174f.).

5S und Prozessstandardisierung sind empfohlene Methoden zur Standardisierung aus der VDI 2870. Da die Prozessstandardisierung eng mit dem KVP verknüpft und ein Standard das Ergebnis eines KVP ist, gelten diesbezüglich dieselben Werkzeuge. Die Phasen des 5S- Konzepts sind wie der PDCA- Zyklus periodisch angeordnet. In der Reihenfolge *Seiri* - Ordnung schaffen, *Seiton* - Ordnungsliebe, *Seiso* - Sauberkeit, *Seiketsu* - persönlicher Ordnungssinn und *Shitsuke* - Disziplin werden Arbeitssysteme gestaltet, was einer Standardisierung des Fundaments jedes Unternehmensprozesses entspricht. Vorneweg muss Notwendiges von nicht Notwendigem aussortiert werden, bevor Gegenstände griffbereit angeordnet ver-

staut werden. Anschließend muss es zur Gewohnheit werden dieses Arbeitsplatz-
arrangement sauber zu halten und die Vorschriften im Arbeitssystem zu befolgen
(Vgl. Brunner 2014: 83f.).

4.4 Null- Fehler- Prinzip

Ein primäres Grundprinzip von GPS ist die fehlerfreie Produktion ohne Nacharbeit, Ausschuss oder Sondereinsätze. Zwangsläufig steigt die Produktivität, wenn
Fehler und Störungen vermieden oder unmittelbar korrigiert werden können.
Aufwandskosten können reduziert und gleichzeitig die Termintreue gesteigert
werden. Da Fehler aber immer wieder passieren, müssen sie als Chance auf nachhaltiges Lernen gesehen werden.

Das Null- Fehler- Prinzip entspricht exemplarisch dem Anspruch an Ganzheitlichkeit und kann so in jedem der sieben Gestaltungsprinzipien berücksichtigt werden. Verschwendung, welche vermieden werden muss, ist die Herstellung von
fehlerhaften Teilen und die verrichtete Tätigkeit daran. Im KVP sind Fehler ursächlich für die Entwicklung von Optimierungsmaßnahmen und mit der Standardisierung können eindeutige Vorgehensweisen ermittelt werden, wenn ein Fehler
auftritt. Im Fließprinzip gilt der Grundsatz, jeden Prozess aus den Blickwinkeln
eines Lieferanten und Kunden zu betrachten. Fehlerhafte Teile oder Informatio-
nen werden frühzeitig eliminiert, da sie in jedem Arbeitssystem einer Prüfung
unterzogen werden. Im Pull- Prinzip wird eine Vereinfachung der Störungsentde-
ckung und Ursachenanalyse mittels Minimierung der Bestände verfolgt. Im Rahmen der Mitarbeiterorientierung und zielorientierten Führung gilt es als Führungskraft den konstruktiven Umgang mit Mängeln vorzuleben, um bei den Mitarbeitern die Einstellung, dass Fehler Verbesserungsmöglichkeiten sind, zu initia-
lisieren und zu stärken. Mit dem visuellen Management kann grafisch und daher
einprägend auf mögliche Fehler hingewiesen werden.

Die beschriebenen Zusammenhänge zwischen den Gestaltungsfeldern verdeutli-
chen, dass Ursachen für Fehler entlang der gesamten Wertschöpfungskette bei
Mensch als auch Maschine zu lokalisieren sind (Vgl. Dombrowski, Mielke 2015:
80ff.).

Mit der 5W- Methode zur Förderung des Null- Fehler- Prinzips werden systematisch Ursachen von Problemen analysiert, indem fünf Mal nach dem *Warum* ge-
fragt wird. In der Praxis führt diese Maßnahme allein selten zum gewünschten
Erfolg, deswegen sollte sie mit anderen Methoden, wie mit einem Ishikawa Dia-

gramm, kombiniert werden oder auch eine sechste *Warum*- Frage gestellt werden. Die 8D- Methode wird vorwiegend bei Reklamationen angewandt und nach den acht obligatorischen Disziplinen der raschen Problembewältigung, Teamzusammenstellung, Problembeschreibung, Sofortmaßnahme, Fehlerursachenermittlung, Abstellmaßnahmenfestlegung und -einführung, Fehlerwiederholungsvermeidung und Würdigung der Teamleistung sowie der Erfolge, abgearbeitet. Das A3- Vorgehen, Ishikawa- Diagramm und die Fehlermöglichkeits- und Einflussanalyse sind im Hinblick auf die gestalterische Auseinandersetzung mit der Ursachensondierung analog aufgebaut und grafisch durchzuführen. Mit Autonomation ist es möglich bei der Produktion von fehlerhaften Teilen mittels Sensoren und Funktionsprinzipien diese zu erkennen und den Prozess unverzüglich zu stoppen. Mit diesem Verfahren lassen sich kurze Regelkreise, eine weitere Methode des Null- Fehler- Prinzips, realisieren. Mit diesem Reglement wird ein standardisiertes Eskalationsverfahren implementiert, welches die Schritte der Korrektur- und Optimierungsmaßnahmen bei Abweichungen der Prozessleistung vom definierten Zielwert vorgibt und mit technischer Unterstützung selbst auslöst. Mit der Six- Sigma- Praktik werden kundenspezifische Qualitätsmerkmale statistisch überwacht. Wie bei der statistischen Prozessregelung kann eine Abweichung frühzeitig erkannt und Gegenmaßnahmen vor Eintreten eines Fehlers ergriffen werden. Bei der Werkerselbstkontrolle werden die Arbeitsergebnisse von den Mitarbeitern unmittelbar nach der Bearbeitung selbst geprüft und nach Ausschlusskriterien selektiert (Vgl. Dombrowski, Mielke 2015: 84ff.).

Mit Poka- Yoke- Einrichtungen kann konstruktiv und permanent das Null- Fehler- Prinzip verfolgt und gemeistert werden. Beispielsweise darf fehlerhaftes Material nicht in das dafür vorgesehene Werkzeug passen, was einer Fehlerquellenvermeidung entspricht. Automatische Sofortmaßnahmen bedeuten, dass bei falschem oder fehlendem Material oder nicht ausgeführten Arbeitsschritten die Anlage nicht gestartet und bei Fehler in der Ablauffolge nicht weitergeführt werden kann. Optische Signale informieren über Abweichungen oder unterstützen den Prüfvorgang, was einer 100- Prozent- Prüfung gleichkommt. Ziel ist es, unbeabsichtigte Fehler menschlicher Arbeit zu eliminieren, folglich den Herstellungsprozess fehlhandlungssicher zu optimieren (Vgl. Dickmann 2007: 39ff.).

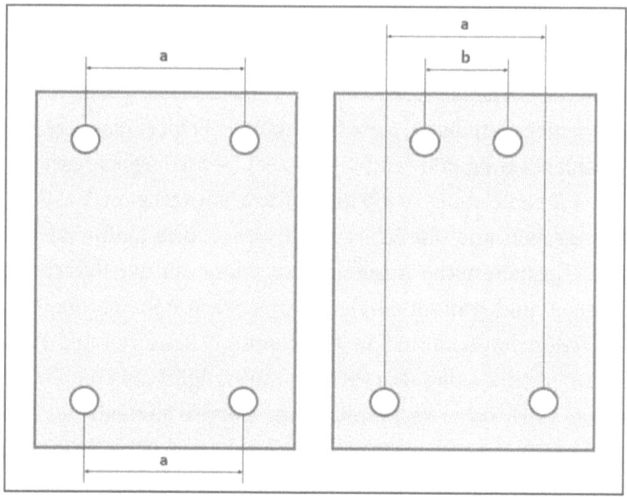

Abbildung 15: Beispiel einer Poka- Yoke Anwendung bei der Montage einer Abdeckung (Vgl. Brunner 2014: 49)

Ein Beispiel soll das Prinzip des Poka- Yoke simplifizieren. Links in der Abbildung besteht die Fehlermöglichkeit einer nicht ordnungsgemäßen Montage aufgrund von symmetrischer Anordnung der Befestigungslöcher auf beiden Seiten des Werkstücks. Rechts ist ein falsches Anbringen in keinem Fall gegeben, da die Asymmetrie dies ausschließt (Vgl. Brunner 2014: 49).

4.5 Fließprinzip

Im Fließprinzip, das eine umfassende Unternehmensgestaltung darstellt, wird der Fokus auf schnelle, durchgängige und turbulenzarme Material- und Informationsflüsse über die gesamte Wertschöpfungskette gelegt. Voraussetzungen dafür sind definierte Bestände, kurze Rüstzeiten, flexible Mitarbeiter und prozessorientierte Arbeitsinhalte. Man unterscheidet zwischen dem räumlichen Fließprinzip, charakterisiert durch Hintereinanderschaltung von Betriebsmitteln und Arbeitsplätzen gemäß der Arbeitsfolge mit Kapazitätsabstimmung, um Stauungen, Warte- und Leerzeiten zu minimieren, dem zeitlichen Fließprinzip, in welchem Arbeitsinhalte aller Stationen auf eine zeitlich gleiche Basiseinheit abgestimmt werden und so die Materialflussgeschwindigkeit determiniert, dem Verkettungsprinzip, das meist eine materialflussgerechte Verknüpfung von Arbeitsplätzen in fester Reihenfolge durch Förderlinien bedingt, und dem Pufferprinzip, das Abschnitts- und Zwischenpuffer zum Ausgleich von Leistungsschwankungen und Störungen nutzt, um die Unabhängigkeit zwischen den Montagestationen zu gewährleisten (Vgl. Kratzsch 2000: 7f.).

Vorteile des Fließprinzips sind kurze Durchlaufzeiten bei hoher Kapazitätsauslastung der Betriebsmittel und Okkasion auf Automatisierung, hohe Produktivität und zuverlässig planbare Stückzahlen. Flexibilität kann aus Sicht der Reaktionsfähigkeit auf variierende Kundenwünsche erhöht werden, allerdings muss dafür die Fertigung auf alle Produkt- und Prozessmodifikationen vortrefflich abgestimmt sein. Das Personal, vorwiegend niedrigeren Lohngruppen zugeteilt, kann schnell eingearbeitet werden, jedoch fördern kurzzyklische Tätigkeiten in starker Taktabhängigkeit Monotonie, einseitige Belastung und damit einhergehend, Demotivation. Der Gefahr von schwerwiegenden Störungsauswirkungen bei Betriebsmittelausfall und fehlender Personalkapazität muss durch Robustheit und Stabilität des Produktionssystems Einhalt geboten werden (Vgl. Kratzsch 2000: 10f.).

Die One- Piece- Flow- Methode, die auf dem First In First Out (FIFO)- Konzept aufbaut, das Material in der Reihenfolge einzusetzen, in der man es auch gelagert hat, setzt eine ideale Ausführung des Fließprinzips um, da ausschließlich mit der Losgröße eins gearbeitet wird. Das bedeutet, dass ein Werkstück unmittelbar nach der Bearbeitung weitergegeben wird. So liegt vor einem Prozessschritt maximal ein Werkstück bereit. Je differierender ein Produktmix auf einer Prozesslinie ist, desto besser eignet sich die Einführung dieses Konzepts (Vgl. Dickmann 2007: 16f.).

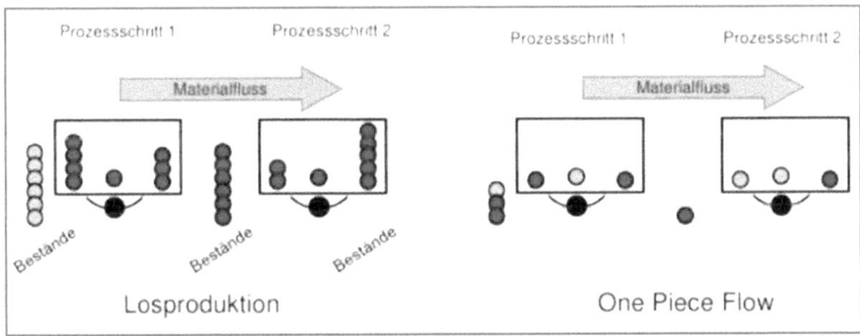

Abbildung 16: Losproduktion - One- Piece- Flow (Vgl. www.b-ite.de 2018)

Die Abbildung illustriert links das anlagenorientierte, auf Maschineneffizienz ausgerichtete und rechts das flussorientierte, kundenzufriedenheitsförderliche Konzept. Augenscheinlich sind die markanten Unterschiede der Bestandsmengen je Prozessschritt   (Vgl.

https://de.slideshare.net/stefanhaeck/produktrealisierungsprozess-1803118, 2018).

Ein Wertstrom ist die Summe aller wertschöpfenden und nicht wertschöpfenden Aktivitäten die nötig sind, um ein Produkt zu erzeugen. Mit der Wertstromanalyse können Wechselbeziehungen von Material- und Informationsfluss eines Prozesses transparent mithilfe von Symbolen analysiert und dargestellt werden mit dem Ziel, Verschwendungen und ihre Ursachen zu identifizieren. Dafür muss eine Produktfamilie, die anhand gleichartiger Produktionsfolgen oder -merkmale klassifiziert wird, bestimmt und anschließend der Status Quo des Wertstroms ermittelt werden. Beim Wertstromdesign werden mit acht Leitlinien eine Sollsituation erarbeitet und Verbesserungsmaßnahmen generiert (Vgl. Bauer 2016: 128ff.).

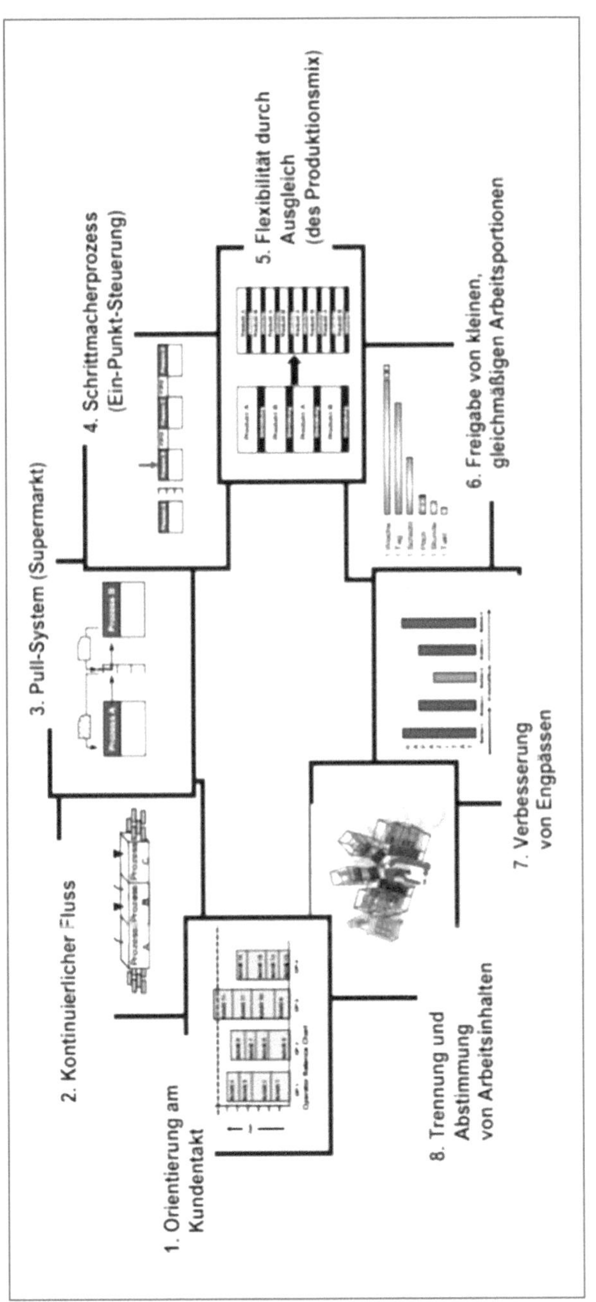

Abbildung 17: Acht Leitlinien des Wertstromdesigns (Vgl. Brunner 2014: 117)

Mit dem Kundentakt, der der Zeit in der ein Produkt fertig gestellt werden muss entspricht, soll das Produktionstempo mit dem Verkaufstempo synchronisiert werden. Die effektive Anordnung der Arbeitsstationen in den Linien stellt durch ununterbrochene Produktion einen kontinuierlichen Fluss sicher. Verbrauchsbasierte Regelkreise, sogenannte Supermarkt- Pull- Systeme, sind dort einzuführen, wo es technisch oder organisatorisch unmöglich ist, permanenten Wertstrom zu realisieren. Der Schrittmacherprozess ist zentrale Steuerungseinheit und Kundenentkopplungspunkt, denn dieser regelt alle anderen Teilsysteme, ist exakt am Kundentakt ausgerichtet und trennt kundenanonyme von kundenauftragsbezogener Fertigung. Eine gleichmäßige Einlastung über ein festgelegtes Zeitintervall von Fertigungsaufträgen am Schrittmacherprozess schafft einen vom Abrufverhalten des Kunden entkoppelten Produktionsfluss. Um die Systemflexibilität zu maximieren, soll der Schrittmacherprozess mit kleinen Arbeitsmengen eingelastet werden. Vor dem Schrittmacherprozess müssen Rüstzeiten reduziert werden, um eine Losgrößenproduktion in kleineren Umfängen zu schaffen und eine Trennung und Abstimmung der Arbeitsinhalte praktiziert werden (Vgl. http://wiki.iao.fraunhofer.de/images/studien/wertschoepfung-steigern-fraunhofer-iao.pdf, 2018).

Zwei weitere Methoden, das U- Layout und die SMED- Technik, werden auf Ebene des Arbeitssystems angewandt. Das U- Layout ist eine flussorientierte Gestaltung der Arbeitsplätze, wobei drei Varianten unterschieden werden. Die personalintensive Festplatzmontage, die höchste Ausbringungsraten aufgrund von Routinehandlungen der Mitarbeiter garantiert, die artteilige Rundlaufmontage, bei der je Mitarbeiter mehrere artgleiche Stationen bedient werden und die mengenteilige Rundlaufmontage, die ausgeprägte Stückzahlflexibilität wegen der Bearbeitung eines Werkstücks im U- System sicherstellt (Vgl. Dombrowski, Mielke 2015: 103f.).

Eine Reduzierung der Rüstzeiten wird regelmäßig mit der SMED- Methode bewerkstelligt. Die Sondierung von internen, nur bei Stillstand der Anlage durchzuführenden Rüsttätigkeiten und externen Rüstzeiten, die hauptzeitparallel während des Betriebes erledigt werden können, und nachfolgende Neuorganisation des Arbeitssystems durch Überlagerung von wertschöpfenden und nicht wertschöpfenden Abfolgen realisieren die Minimierung der Durchlaufzeit (Vgl. Dombrowski, Mielke 2015: 104f.)

4.6 Pull- Prinzip

Nach zwei unterschiedlichen Grundsätzen kann ein Produkt über mehrere Herstellungsstufen an den Kunden abgesetzt werden, entweder nach dem Push- oder Pull- Prinzip. Während ersteres aufgrund von prognostizierten Kundenaufträgen betrieben wird, löst beim Pull- Prinzip der Kunde durch Kauf eines Produktes die Nachproduktion desselben Teiles aus. Es entsteht ein Nachfragesog entlang der gesamten Wertschöpfungskette ausgehend vom letzten Element des Wertstroms (Vgl. Dombrowski, Mielke 2015: 110f.).

Just in Time (JIT) ist eine bewährte Methode bei der Explikation des Pull- Konzeptes. Kerngedanke ist, das richtige Produkt zur richtigen Zeit in der richtigen Menge und in der richtigen Qualität am richtigen Ort bereitzustellen. *Richtig* bedeutet in diesem Kontext *für den Kunden notwendig*. Es wird nur so viel Material im Fluss gehalten, nur so viel produziert, wie auch verkauft wird (Vgl. Takeda 2009: 123).

Just in Sequence (JIS) stellt eine Renovation der JIT- Methode dar, indem die Bereitstellung der im Montageablauf benötigten Teile reihenfolgegerecht organisiert ist. Die Synchronität der Fertigungen von Lieferant und Kunde vollbringt eine ganzheitliche Bestandsverminderung (Vgl. Dombrowski, Mielke 2015: 113f.).

Kanban arbeitet als ziehendes System, das der JIT- Methode angelehnt ist. Der nachgelagerte Arbeitsschritt entnimmt zum benötigten Zeitpunkt dem vorgelagerten Arbeitsschritt eine auf einer Kanban- Karte verzeichnete, definierte Teilmenge. Sobald eine determinierte Bestandsgrenze unterschritten wird, startet der vorgelagerte Arbeitsplatz aufgrund einer Kanban- Karte mit der Fertigung, um die Ergänzung des Bestandes sicherzustellen (Vgl. Bauer 2016: 188ff.).

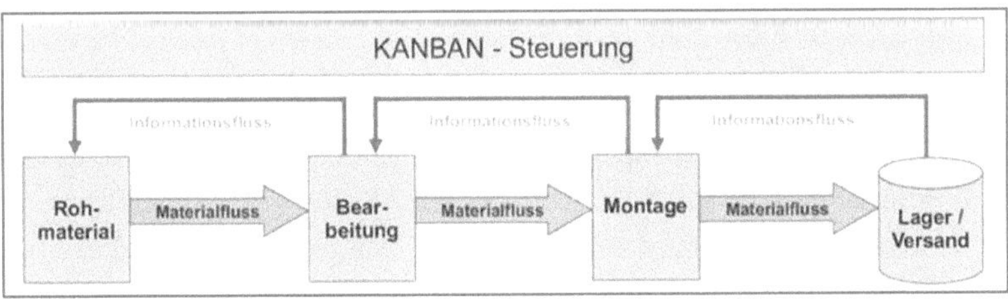

Abbildung 18: Kanban- Steuerung (Vgl. Bauer 2016: 190)

Vier Steuerungsarten werden in der Praxis divergiert. Die Kartensteuerung ist vorteilhaft bei großen Entfernungen zwischen den Arbeitsplätzen, jedoch ist das Verlustrisiko erheblich. Zuverlässiger dagegen ist die Behältersteuerung, denn der Kanban ist fest am Behälter angebracht, was aber bei hoher Kanban- Zahl ein aufwändiges Handling mit sich bringt. Bei der Supermarktsteuerung werden Lücken auf Seite der Befüllung visuell wahrgenommen und beim e- Kanban erfolgt die Datenübertragung mittels Barcode oder Transponder, was einer idealen Produktionsüberwachung entspricht. Mit Kanban ist es möglich eine terminorientierte Steuerung der Produktion in eine bedarfsorientierte zu transformieren. Trotz Möglichkeit auf eine Produktionsplanung zu verzichten, passiert in diesem System keine Überproduktion, denn ohne Kanban- Karte kann kein Werkstück gefertigt werden. Eine Karte, welche deshalb mit einem Fertigungsauftrag vergleichbar ist, liefert Arbeitsanweisungen und Auskünfte zu drei Informationsgruppen, die Entnahme-, Transport und Produktionsspezifikationen dokumentieren (Vgl. Dombrowski, Mielke 2015: 114ff.).

Im Kanban- Konzept kann es geschehen, dass ein Arbeitsgang beim vorgelagerten Arbeitsgang eine unerwartet große Menge entnehmen muss und dadurch eine Störung impliziert. Mittels Auslastungsglättung und Produktionsnivellierung kann dem entgegnet werden. Die Stückzahlen der einzelnen Varianten eines Produkts werden kontinuierlich über eine definierte Periode so aufgeteilt, dass sich ein regelmäßig wiederholender Produktionsmix ergibt und so Belastungsspitzen reduziert werden. Fünf Grundvoraussetzungen müssen dafür erfüllt sein. Ein totaler Modellmix ist von Nöten, um eine gleichmäßige Auslastung trotz schwankender Modellbestellungen zu gewährleisten. Die Modellvielfalt bedingt kleine Losgrößen, welche häufigen, raschen Werkzeugwechsel erfordern. Die Arbeitsgruppen sollen im Rahmen von umfassenden Schulungen zu *multiskilled workers* ausgebildet und eine Bearbeitung auf Spezialmaschinen muss vermieden werden. Das Produktionsprogramm und die Flexibilität der Produktionsanlagen bestimmen markant den Erfolg dieser Maßnahme (Vgl. Dombrowski, Mielke 2015: 118f.).

Der innerbetriebliche Milkrun ist ein Materialtransport auf festgelegter Route zu definierten Zeiten. Auf dieser Tour versorgt der verantwortliche Mitarbeiter die vorbestimmten Arbeitsplätze mit Material, sammelt gegebenenfalls Leergut ein und entsorgt Abfall, bevor er wieder zum Materiallager zurückkehrt und den nächsten Transport vorbereitet. Unnötig hoher Materialbestand an den Arbeitsplätzen wird so verhindert (Vgl. Dombrowski, Mielke 2015: 118).

4.7 Mitarbeiterorientierung & zielorientierte Führung

Mit der Einführung von GPS haben viele Unternehmen ihre technischen und organisatorischen Prozesse optimiert. Die Ganzheitlichkeit fordert, dass der Mensch kongruente Berücksichtigung erfährt, jedoch nimmt die Belegschaft nach wie vor eine passive Rolle ein. Die Wahrnehmungen, dass alle Mitarbeiter die Wertschöpfung verrichten, und, dass Verbesserungsvorschläge nicht als Kritik zu interpretieren sind, müssen jedem bewusst werden. Fundament einer erfolgreich gestalteten Mitarbeiterorientierung sind drei Instrumente, die Führungskräfte nutzen können (Vgl. Dombrowski, Mielke 2015: 129).

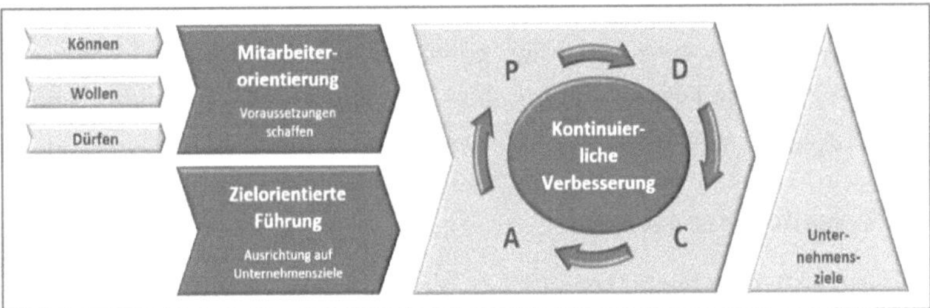

Abbildung 19: Beitrag der Mitarbeiterorientierung und zielorientierten Führung zum Erreichen der Unternehmensziele

Die Qualifikation (*Können*) eines Mitarbeiters wird gemessen am theoretischen Wissen zu Methoden und Werkzeugen des GPS und den Gestaltungsprinzipien, an der detaillierten Fachkenntnis zu zahlreichen Arbeitsvorgängen und an einer ausgeprägten Problemlösungskompetenz. Mit Schulungen, Job- Rotation und Verinnerlichung wie auch aktives Umsetzen des PDCA- Vorgehens können die geforderten Befähigungen maximiert werden. Die Motivation (*Wollen*) eines Mitarbeiters lässt sich nachhaltig mit Wertschätzung durch die Führung als auch mit Erfolgserlebnissen aus Verbesserungen fördern. Die Führungskraft muss als Zielvorgeber, Zielerreichungscoach und Zielmotivator agieren und vermitteln, dass das Prozesswissen eines jeden wertvoll ist. Die Erlaubnis (*Dürfen*), als Mitarbeiter tatkräftig mitwirken und Ideen ausprobieren zu dürfen, ist offen zu kommunizieren und zu forcieren. Verbesserungsmaßnahmen müssen nach Spielregeln organisiert durchgeführt werden. Zeitpunkt, Dauer, Befugnis-, Entscheidungs- und Gestaltungsrahmen sind so zu wählen, dass Kompetenzen erweitert werden und Prozesswissen verankert wird. Zielorientierte Führung bedeutet, dass die Unternehmensziele auf operative Tätigkeiten jedes Mitarbeiters übertragen werden, um unzählige dezentrale Optimierungsaktivitäten auf gemeinsame Ziele auszurichten (Vgl. Dombrowski, Mielke 2015: 128ff.).

Mit der Anwendung der drei Kernmethoden, Zielmanagement, Shopfloor Management und Führen vor Ort, werden die Mitarbeiterorientierung und die zielorientierte Führung in der Umsetzung ganzheitlich berücksichtigt. Das Zielmanagement stellt sicher, dass operativ angelegte Verbesserungsmaßnahmen auf Unternehmensziele abgestimmt werden, was der zielorientierten Führung entspricht. Zielfindung und -vereinbarung, Maßnahmenableitung und Ziel- und Maßnahmenverfolgung passieren in diesem Prozess. Das Shopfloor Management stellt die Basis zur Zielerreichung dar. Mit teamorientierter Arbeitsorganisation, täglicher Arbeitsroutine und strukturierter KVP- Planung sind Qualifikationsvoraussetzungen der Belegschaft zu realisieren, die die Zielerreichung mit Einsatz der Kernmethode Führen vor Ort, dem Kopplungspunkt der beiden anderen Elemente, möglich machen (Vgl. Dombrowski, Mielke 2015: 131ff.).

4.8 Visuelles Management

Ziel von visuellem Management ist es, Vorgänge reproduzierbar zu machen, diese zu vereinfachen sowie Abweichungen, Unterbrechungen und Störungen sichtbar

zu gestalten. Der Unterschied zwischen Soll- und Istzustand ist so unmittelbar zu erkennen, fördert das Reaktionsvermögen und lenkt die Aufmerksamkeit auf das Wesentliche (Vgl. Bauer 2016:190f.).

5S ist eine Methode des Standardisierungsprinzips. Im Kontext des visuellen Managements unterstützt sie die Einhaltung von Ordnung und Sauberkeit mit Schattentafeln für Werkzeuge. Ein Standardarbeitsblatt beinhaltet in einfach zu erfassender, aber verdichteter Form, stets aktualisierte Arbeitsablaufbeschreibungen einzelner Arbeitsplätze und dient der Einweisung von neuem Personal, dem Training der Mitarbeiter als auch einer garantiert identischen Durchführung der Tätigkeiten. Kennzeichnungen, Beschriftungen und Adressen sind unerlässlich, um jeder Person unter allen Umständen und ohne Vorabinformation eine Beurteilung der örtlichen Situation zu ermöglichen. Additional lenken sie den Materialfluss in definierten Bahnen. Andon- Boards sind elektronische Darstellungen von Ist- und Sollwerten, die je nach farblichem Lichtzeichen Störungen (rot), Abweichungen (gelb) oder ordnungsgemäßen Lauf (grün) signalisieren. Reißleinen, die vom Mitarbeiter betätigt werden müssen, sind dem Andon- Konzept zugehörig und entsprechen einer Störungskennzeichnung, die mit optischem oder akustischem Signal untermauert werden können (Vgl. Dombrowski, Mielke 2015: 152ff.).

5 Konzepte, Methoden und Werkzeuge in der Praxis

GPS werden in der mitteleuropäischen Praxis noch selten bei der Neuordnung der Produktion angewandt. 7,5 Prozent der deutschen Betriebe produzieren im Sinne der Ganzheitlichkeit nach den vier Kernelementen, die das Competence Center für Industrie- und Serviceinnovation des Fraunhofer- Instituts für System- und Innovationsforschung (ISI) im Rahmen einer Studie festgelegt hat. Wertschöpfung im Kundentakt, Veränderungsprozesse über Abteilungen hinweg, Transparenz und Standardisierung sowie formalisierte Verbesserungsprozesse umfassen diese maßgeblichen Konditionen eines GPS. Zwölf Prozent der Unternehmen stehen an der Schwelle zu einem GPS und realisieren drei der vier Bedingungen. 25 Prozent der Produktionsstätten orientieren sich an einzelnen, nicht in Zusammenhang stehenden Elementen von GPS (Vgl. https://www.produktion.de/technik/produktivitaet/ganzheitlichkeit-steigert-produktivitaet-127.html).

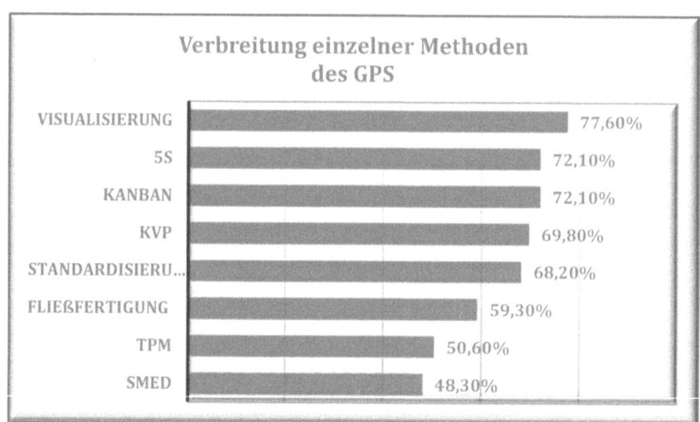

Abbildung 20: Verbreitung einzelner Methoden des GPS (Vgl. http://netkey40.igmetall.de/homepages/ki/hochgeladenedateien/pdf/IGM-0008%20Memorandum_V_Giesler.pdf 2011: 16)

Bevorzugt werden die Methoden Visualisierung, 5S und Kanban als Optimierungsmethoden ausgewählt. KVP, Standardisierung, Fließfertigung, Wertstromdesign, TPM und SMED sind annähernd häufig im Einsatz (Vgl. http://netkey40.igmetall.de/homepages/ki/hochgeladenedateien/pdf/IGM-0008%20Memorandum_V_Giesler.pdf).

Aus der Grafik kann keine Aussage zur Umsetzung von Ganzheitlichkeit in Produktionssystemen expliziert werden. Eine Untersuchung der oben angeführten

Komponenten soll Aufschluss über ihre Wirkungsweise im GPS und dementsprechend auf die Umsetzungsqualität von Unternehmenszielen geben.

	5S	Standardisierung	SMED	Kanban	Fließfertigung	Visualisierung	KVP	TPM	Q	Z	K
5S		V	U	-	-	U	U	U	3	3	3
Standardisierung	U		U	U	V	-	U	V	2	2	2
SMED	-	-		U	U	-	-	-	2	3	3
Kanban	-	-			-	U	U	-	-	2	3
Fließfertigung	-	-	-	U		-	-	-	-	2	1
Visualisierung	U	V	U	V	-		U	V	2	2	2
KVP	U	U	U	V	U	U		U	3	3	3
TPM	-	-	-	U	U	-	-		3	2	2

Tabelle 4: Gewichtete Interdependenzmatrix von GPS- Methoden (Vgl. Aull 2012: 156)

In Tabelle 4 werden die ausgewählten Maßnahmen anhand unterstützender (U) und voraussetzender (V) Beeinflussung analysiert. Wenn eine voraussetzende Interdependenz vorliegt, dann ist die Wirksamkeitsentwicklung der abhängigen Methode von der Präsenz der voraussetzenden bestimmt. Unterstützend definierte Maßnahmen müssen nicht implementiert sein, um Handlungsweisen zu aktivieren. Die von Experten beurteilte Wirkungsstärke der einzelnen GPS- Werkzeuge auf die Zieldimensionen Qualität (Q), Zeit (Z) und Kosten (K) wird mit dreifacher (3), doppelter (2) oder einfacher (1) Einflussnahme skizziert (Vgl. Aull 2012: 157).

5.1 Kostenanalyse

Abhängig von der aktuellen Konfiguration eines Produktionssystems und der Dimension des angestrebten Umstrukturierungsgrad sind finanzielle Belastungen und Verbesserungserträge in unterschiedlichem Ausmaß zu disponieren. Während in GPS- Berichten Daten zur Leistungsfähigkeits- und Produktivitätssteigerungen demonstrativ illustriert sind, wird die Erfassung von Aufwendungen zum Implementieren und Betreiben eines GPS mehrheitlich nicht dokumentiert. Unweigerlich ist die Einführung eines GPS ressourcenintensiv. Viele zusätzliche Arbeitsstunden, Entgelte für externe Beraterfirmen und Investitionen des Anlagevermögens fallen beispielsweise an. Diesen wirtschaftlichen Auslagen und der

Langfristigkeit eines Reorganisationsprozesses geschuldet, muss ein geeignetes Kennzahlensystem eingeführt werden. Eine lokal begrenzte Kennzahlenerfassung fördert den Sachverhalt, dass Aufwände an nicht einkalkulierte Stellen verschoben und so Ertragssteigerungen in verfälschtem Ausmaß legitimiert werden (Vgl. Diekmann 2016: 153ff.).

GPS- Einführungsprozesse bewerkstelligt man erfolgreich mit simplen, kostengünstigen, aber effektiven Methoden, wie 5S und SMED. Sie fördern eine dynamische, positive Aufbruchstimmung aufgrund von kurzfristig, erfolgreich operationalisierten Verbesserungsmaßnahmen. Das Schaffen von Ordnung und Sauberkeit mit der 5S- Methode beansprucht wenige Ressourcen bei maximaler Förderung von Qualitätsarbeit und Mitarbeitereinbindung. Voraussetzung dafür ist eine bereits implementierte Standardisierung, wie die oben angeführte Grafik zeigt. Der Pflegeaufwand von Richtlinien relativiert das lohnende Kosten- Nutzen- Profil. Mit der SMED- Methode können investitionsarm Qualitäts- und Produktivitätsverbesserungen verzeichnet werden, wobei die Partizipation von logistikorientierten Instrumenten, wie Kanban und Fließfertigung, notwendig ist. Allerdings rationiert der Trainingsaufwand für die Mitarbeiter die Kostenvorteile (Vgl. IPH 2009: 7ff. und Vgl. Aull 2012: 109ff.).

Im Zuge einer Realisierung von Pull- und Fließ- Prinzip, wie Kanban und Wertstromplanung, kann die monetäre Belastung, abhängig von der Unerlässlichkeit ein Fabriklayout kostenintensiv anzupassen, in differierendem Ausmaß erfolgen. Ein hoher Ertragsnutzen wird der Kanban- Methode zuerkannt, im Gegensatz zur Fließfertigung. Voraussetzung von funktionierendem Kanban ist die routinierte Arbeit mit KVP.

Die Visualisierung ist die verbreitetste Maßnahme um Ganzheitlichkeit zu konkretisieren. Aufwendungen sind im Rahmen von Beschriftungen und Kennzeichnungen, wie auch Informationsmaterial preiswert zu beurteilen. Im Kontext der Standardisierung und der elektronischen Darstellung können sich die Kosten aufgrund der obligaten Aktualisierung und der erwünschten Ausführung der Illustrationstechnik steigern (Vgl. Aull 2012: 109ff.).

KVP und TPM sind den qualitätsorientierten Methoden zugehörig. TPM ist zusehends und unkompliziert zu arrangieren. Die regelmäßig durchzuführenden Instandhaltungsaufgaben beziehen die Arbeitskräfte mit ein und verbessern die gesamte Produktionsanlageneffizienz. Erlöse werden lediglich aufgrund der Schulungsnotwendigkeit von Arbeits- und Verfahrensanweisungen, sowie Verbildlichung reduziert. Mit KVP wird eine kontinuierliche Verbesserungsarbeit im jeweiligen, unmittelbaren Arbeitsumfeld mit Hilfe von definierten Standards sichergestellt. KVP ist eine prozesssichernde und -begleitende Methode, die langfristig Kosten, durch 5S, Standardisierung, Kanban und Visualisierung, verursacht, aber in der Praxis als wirkungsvolles Werkzeug zur Kosteinsparung zensuriert wird (Vgl. IPH 2009: 36ff. und Vgl. Aull 2012: 109ff.).

5.2 Zeitanalyse

Es gibt unterschiedliche Vorgehensweisen, wie man GPS implementieren kann. Mit dem Gärtneransatz wird die Unternehmenskultur langsam verändert und eine schnelle Umsetzung wird im Rahmen einer Mischung von Krisen- und Macheransatz erzielt. Die Zeitersparnis gründet auf dem Verzicht von Mitarbeiterbeteiligung und der Initialisierung von Veränderungsbereitschaft aufgrund eines Missstandes. In beiden Fällen wird von mehrjährigem Planungs-, Beteiligungs-, Schulungs- und Realisierungsaufwand bei laufender Produktion ausgegangen (Vgl. http://docplayer.org/62160297-5-s-ganzheitliche-produktionssysteme-mode-mythos-realitaet-ne-piece-flow-just-in-sequence.html).

Die Reihenfolge der Implementierung von Methoden muss gemäß der Umsetzungsstrategie der Unternehmensziele und nach Gesichtspunkten der Beziehungen zueinander erfolgen, um effektiv und effizient die Einführungsperiode zu nutzen und negative Wechselwirkungen auszuschließen. Auf Basis analysierter, logischer Interdependenzen zwischen Werkzeugen wurde nachfolgende, theoretisch erfolgversprechendste Umsetzungsreihenfolge erarbeitet. (Vgl. Aull 2012: 80ff.).

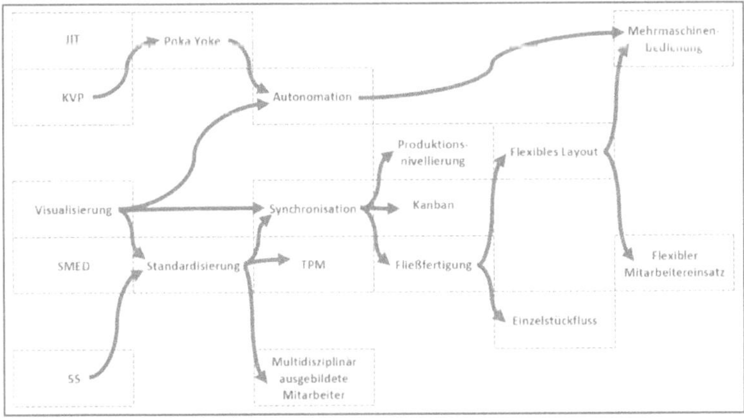

Abbildung 21: Implementierungsreihenfolge von GPS- Methoden (Vgl. Aull 2012: 181)

Die Zeit ist in GPS, als Durchlaufzeit betrachtet, ein wesentlicher Faktor. Je kürzer die Zeitspanne zwischen Beginn des ersten Arbeitsvorganges und dem Abschluss des letzten ist, desto schneller wird der Markt bedient und Kundenwünsche erfüllt. Die Grafik eingangs des Kapitels zeigt, dass in der Praxis die Methoden 5S und SMED bezüglich der Durchlaufzeitreduzierung für nachhaltig befunden werden. 5S, ohne den umfangreichen Standardisierungsaufwand untersucht, ist rasch implementiert und liefert in kurzer Zeit aufgrund der Eliminierung von Sucharbeit verbesserte Prozessergebnisse. SMED steht begrifflich für die Rüstzeitminimierung und ermöglicht signifikante Gesamtdurchlaufzeitverkürzungen und Reduzierung der Maschinenstillstandzeiten, wie auch eine Dezimierung des Werkzeugwechselaufwands von mehreren Stunden auf wenige Minuten. Voraussetzung dieses beachtlichen Resultats ist die Fertigung mit sehr kleinen Losgrößen (Vgl. Aull 2012: 141ff.).

Die KVP- Methode wird mit der Absicht, dauerhaft von stetiger Optimierung zu profitieren, vorrangig für eine Implementierung im GPS selektiert. Der Kontinuität und dem Gelingen geschuldet, wird das Verbesserungsprogramm verbindlich im unternehmerischen Wissensmanagement und im Denken der Mitarbeiter verankert. Fehlererkennung und Problemlösung können aufgrund von Betriebsblindheit, fehlendem Prozesswissen oder erstmaligem Auftreten eines Problems zeitintensiv sein. Standardisierung muss somit Bestandteil von KVP werden. Detaillierte, visualisierte Arbeitsanweisungen und Dokumentationen, nach denen Arbeitsinhalte ausgerichtet werden, fördern die markante Reduzierung der Durchlaufzeit über alle Unternehmensbereiche hinweg. Mit einer Absenkung von Beständen werden Störungen in Prozessen eher aufgedeckt, was zur Folge hat, dass die Durchlaufzeit unmittelbar und mit KVP nochmalig verringert wird. In der Praxis kann diese Maßnahme mit weiteren Instrumenten ausgestattet werden, sodass maximale Ressourceneinsparung aspiriert werden kann (Vgl. Aull 2012: 150ff.).

Eine einträgliche Verwirklichung der Fließfertigung erfordert das Produzieren nach Takt. Aufeinander getaktete Prozesse schließen verzögernde Zwischenbestände aus und begünstigen eine ausgeglichene Belastung der Produktionsstrukturen, wodurch Zeitverschwendung annulliert wird. Dies wird mit Kanban durch die bedarfsgesteuerte Produktion realisiert. Praxistauglichkeit dieser Methoden wird mit TPM und Standardisierung sichergestellt (Vgl. Aull 2012: 123ff.).

Die Struktur von TPM- Prozessen erfordert, dass TPM- Aktivitäten in einem standardisierten Rahmen, in definierten Intervallen und nach einem invariablen Ablauf realisiert werden, um unvorhergesehene Stör- und Ausfälle zu unterbinden und folglich Liefertermine einzuhalten (Vgl. Aull 2012: 145f.).

5.3 Ergebnisanalyse

Die zu Beginn des Kapitels illustrierte Abbildung zeigt, dass bei selektiver Bewertung einzelner Methoden 5S und KVP als die wirksamsten nach den drei Zielgrößen, Kosten, Zeit und Qualität, befunden werden. Beide Maßnahmen können abstrakt in Produktionssystemen realisiert werden, wobei mit unterstützenden Methoden, wie Visualisierung und Standardisierung, der potenzielle Wirkungserfolg extendiert werden kann. 5S ist aus der Sichtweise der Großunternehmer und der Betriebsräte ein bewährtes Instrument für Optimierungsaufgaben (Vgl. http://netkey40.igmetall.de/homepages/ki/hochgeladenedateien/pdf/IGM-0008%20Memorandum_V_Giesler.pdf).

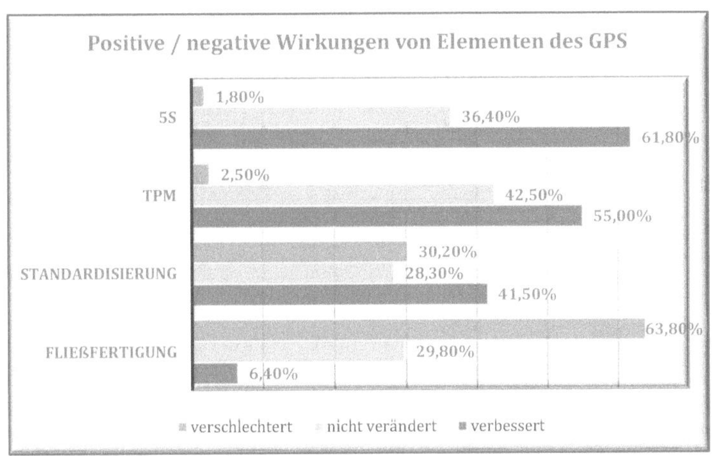

Abbildung 22: Positive / negative Wirkungen von Elementen des GPS (Vgl. http://netkey40.igmetall.de/homepages/ki/hochgeladenedateien/pdf/IGM-0008%20Memorandum_V_Giesler.pdf 2011: 15)

Die Visualisierung ist in Betrieben immens verbreitet. Dieses Werkzeug ist Kernelement jedes Standards, jeder Instandhaltungsaufgabe im Rahmen von TPM und jeder Kanban- Steuerung. Zu beachten ist, dass die alleinige Verwendung dieser Maßnahme zu keinem kennzahlenverändernden Erfolg führt. Da Kanban und Standardisierung mit je 70 Prozent Implementierungsanteil aller bevorzugten Methoden eingesetzt werden, ist dieser Entwicklungsgrad begründet.

In der Praxis bewerten Experten das Arbeiten nach Standards mit mäßigem Einfluss auf die Zieldimensionen, aber als Fundament einer kontinuierlich hochqualitativen Produktion aufgrund von transparenten, stabilen Prozessen und elementares Hilfsmittel von Optimierungskonzepten. Betriebsräte beurteilen eine Standardisierung zwiegespalten. Einerseits als Verschlechterung der Arbeitsbedingungen wegen Einschränkens von Handlungs- und Entwicklungsmöglichkeiten, andererseits als Verbesserung, weil widersprüchliche Arbeitsanforderungen und ungeklärte Arbeitsabläufe bereinigt werden und so die Arbeitsbelastung reduziert werden kann.

TPM, das betriebsratsseitig als nachhaltiges Werkzeug für eine positive Mitarbeiterförderung erachtet wird, ist in Unternehmen lediglich zu 50 Prozent in Verwendung und hat als rein unterstützendes Instrument für Kanban und Fließfertigung eine durchschnittliche Effektivität auf die Ausmaße Zeit und Kosten. SMED wird qualitativ analog beurteilt und dementsprechend vereinzelt eingesetzt, aber in der Praxis ertragreich bewertet.

Die Fließfertigung und das Wertstromdesign werden aufgrund der 60 prozentigen Umsetzungsrate häufig angewandt, von Unternehmern wenig kosten- und zeitbeeinflussend charakterisiert und von Betriebsräten aufgrund negativer Wirkung kritisiert (Vgl. http://netkey40.igmetall.de/homepages/ ki/hochgeladenedateien/pdf/IGM-0008%20Memorandum_V_Giesler.pdf).

Aus der praxisbezogenen Analyse wird erkenntlich, dass Methoden in unterstützender und voraussetzender Weise interagieren. Mit Hilfe eines Simulationsmodells können Maßnahmenbündel untersucht werden, um einen Leitfaden zur Instrumentenzusammenstellung zu entwickeln und folglich eine problem- und krisenarme Implementierung, als auch erfolgversprechenden Betrieb des GPS zu gewährleisten. Im Rahmen eines allgemeinen Simulationslaufs kristallisierten sich drei Hauptaussagen heraus. Mitarbeiterorientierte Methoden, wie die Mehrmaschinenbedienung, multidisziplinär ausgebildete Mitarbeiter und flexible Anpassung der Mitarbeiterzahlen bewirken ohne zuvor oder parallel eingeführte voraussetzende Maßnahmen keine Zielgrößenänderung und im Laufe der Realisierung in nur geringem Maß. In den oben angeführten Statistiken fehlt das Augenmerk auf eine derartige Einbindung der Mitarbeiter, was aber durch die Methodenwahl bedingt ist. Eine rein einseitige Instrumentenimplementierung, logistisch mit Kanban und der Fließfertigung oder qualitätsorientiert mit 5S, Standardisierung, Visualisierung, TPM, SMED und KVP, impliziert schwache Verbesserung des unternehmerischen Erfolges, während mit holistischer Methodenrealisierung signifikante Zieldimensionsforcierung praktikabel ist. Die mit Abstand besten Ergebnisse werden mit ganzheitlicher Einführung aller Werkzeuge erreicht. Eine methodenorientierte Implementierung kann auf Basis von qualitätsausgerichteten Hilfsmitteln ebenso zufriedenstellende Erträge liefern (Vgl. Aull 2012: 159ff.).

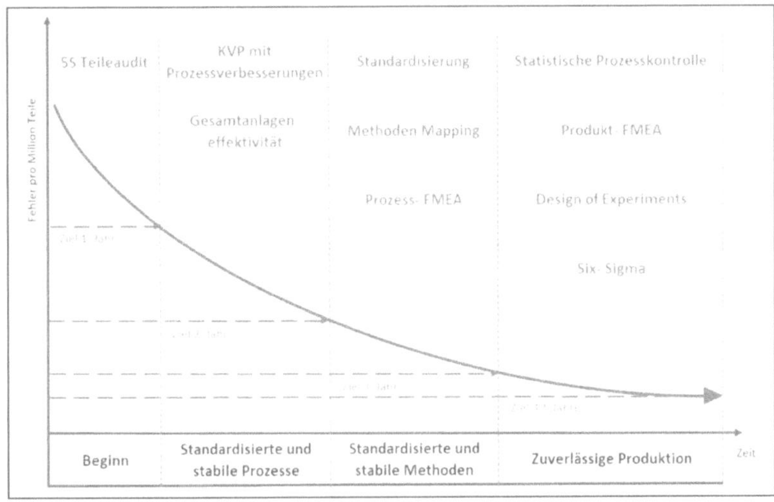

Abbildung 23: Wirkung von GPS- und Qualitätsmethoden auf die Kennzahl ppm

Die Abbildung fundiert die bisher getroffenen Aussagen. 5S, KVP und Standardisierung sind die effizientesten produktivitätssteigernden Hilfsmittel, gemessen anhand von ppm, welches die Maßzahl von Fehler pro Million Teile widerspiegelt, in Relation mit GPS.

Vom Fraunhofer Institut durchgeführte Untersuchungen bestätigen, dass Firmen mit GPS einen geringeren Anteil an Fehlteilen und Reklamationen haben und Durchlaufzeiten eindeutig kürzer sind, wie auch Waren häufiger zum vereinbarten Termin ausgeliefert werden (Vgl. https://www.produktion.de/technik/produktivitaet/ganzheitlichkeit-steigert-produktivitaet-127.html).

Beispiele aus der Praxis bekräftigen diese Ergebnisse und vervollkommnen sie mit ergänzenden Resultaten. Die DaimlerChrysler AG kann durch die Umstellung auf Pull- Produktion mit Kanban- Steuerung jährlich 460.000 Euro einsparen und profitiert vom konsequenten, unternehmensweiten Anwenden ihres Produktionssystems, indem eine gemeinsame Kommunikationsbasis zwischen den Werken, die die operative Arbeit und den Austausch von Personal standortübergreifend erleichtert, geschaffen wurde. Eine Verdoppelung der Produktivität innerhalb von fünf Jahren kann die Festool GmbH mit ihrem Reorganisationskonzept generieren. U- Linien und One- Piece- Flow, synchrone Produktion und TPM konstituieren die Reduktion von Lagerbeständen und Fertigungskosten um je 40 Prozent sowie Durchlauf- und Rüstzeitenminimierung jeweils um 90 Prozent bei Steigerung der Mitarbeiterzahl und Fläche um je zehn Prozent. Die Ford AG bewerkstelligte in zwei Jahren neben der Produktivitätsankurbelung eine Reduzierung der Unfallhäufigkeit um 36 Prozent und eine Schrottkostendezimierung um 39 Prozent. Innovationen wie einheitliche Berufskleidung bis in obere Hierarchiestufen, die Ernennung von Gruppen des Monats im Rahmen von einem Belohnungssystem und die Ansiedelung eines Industrieparks mit den Zulieferern demonstrieren eine vorbildlich ganzheitliche Unternehmensbetrachtung. Die Erfolge, die die Hild Tortechnik GmbH verzeichnen kann, legitimieren, dass mittelständische Unternehmen im Stande sind GPS wirkungsvoll zu realisieren. Die Durchlaufzeit von 27 Tagen auf neun Tage zu verringern, die Termintreue von 50 auf 90 Prozent zu intensivieren, Kundenreklamationen in Form von Gewährleistungen um 60 Prozent zu minimieren und gleichzeitig die Produktivität um 30 Prozent zu steigern sind eindeutige Argumente für die Implementierung eines GPS. 50 Prozent des gegenwärtigen Kundenstammes innerhalb von zwei Jahren zu akquirieren und die Umsatzabhängigkeit von einem Kunden auf alle zu projizieren, gelang der Reuter Technologie GmbH. Die Leistungsentwicklung der SEW Eurodrive GmbH + Co.KG baut neben Prozessorientierung und Anlageneffizienz auf weiche Faktoren, wie Mitarbeiterqualifikation und Arbeitsqualität, die die Senkung der Krankheitsquote von 14 auf zwei Prozent und der Arbeitsunfälle von zwölf auf null Einheiten, sowie die Erstarkung des Servicegrads von 61 auf 99 Prozent und die des Personaleinsatzes um 17 Prozent (Vgl. Spath 2003: 122ff.).

Ausnahmslos bilanzieren diese beispielhaft angeführten Unternehmen mit dem Subsystem KVP und den Hauptstellgrößen Qualität und Just in Time, welche auf die Basisfaktoren Arbeitsstrukturen, Gruppenarbeit und Standardisierung gründen, Innovation und Verbesserung (Vgl. Spath 2003: 126).

6 Handlungsempfehlungen

Ein GPS, das nach den herausgearbeiteten Empfehlungen und Regeln implementiert und betrieben wird, wirkt sich augenscheinlich förderlich auf eine erfolgreiche Umsetzung von Unternehmenszielen aus. Um diesen Effekt zu forcieren und maximalen Profit schöpfen zu können, muss die Herangehensweise, GPS rein nach Methodik zu modellieren, um die Dimensionen Nachhaltigkeit durch Praktik und Fortentwicklung, Integration aller Ressorts sowie Implikation einer gelebten Unternehmenskultur erweitert werden (Vgl. Ruppel 2015: 2ff.).

Die Kultur eines Unternehmens beeinflusst dessen Erfolg. Jedes Unternehmen hat eine Unternehmenskultur, welche eine Bündelung von Selbstverständlichkeiten und ungeschriebenen Gesetzen, die auf Normen und Werte basieren, darstellt. Diese sozialen Normen sind in der Persönlichkeitsstruktur eines jeden verankert und gesellschaftlich abgestützt. Wenn es dem Management gelingt, sie zu verändern und Werte in ein neues Gefüge zu überführen, können Verhaltensänderungen gemäß der Unternehmensstrategie initialisiert werden. Eine kunden-, leistungs- und innovationsförderliche Unternehmenskultur bewirkt mit minimalem Aufwand langfristiges, maximales Interesse und Engagement der Mitarbeiter. Zusätzlich begünstigt sie den Verzicht auf Anweisungen, Vereinbarungen, Organisationsstrukturen und Regelungen, wenn diese als Maßnahmen in die Kultur installiert werden. Schlüsselaspekte, wie die aktive Einbindung der Beschäftigten in Planungen und Entscheidungen, sind bei der Konfiguration eines progressiven Unternehmensethos wesentlich. Nebeneffekt dabei ist der Wissensaufbau durch intensive geistige Auseinandersetzung mit Notwendigkeiten und Konzepten. Managementmitteilungen im Zuge einer offenen Informationspolitik fördern eigenständige Handlungsweisen aus einem Solidaritätsgefühl zum Unternehmen. Kenntnisse über grundlegende betriebswirtschaftliche Zusammenhänge unterstützen eine ressourcensparende, leistungswillige Einstellung beim Personal (Vgl. Spath 2003: 74ff.).

Die Kommunikation, eine nicht unwesentliche Komponente der Unternehmenskultur, muss offen praktiziert werden, um KVP in geforderter Qualität und Originalität managen zu können. Ablehnung und Hindernisse, aus Gerüchten und Mutmaßungen entstanden, werden mit einem transparenten Kommunikationsprozess von der obersten Hierarchieebene aus umfassend über vertikale und horizontale Wege bis zur untersten Stufe in der Arbeiterschaft wirkungsvoll relativiert (Vgl. Ruppel 2015: 27f.).

Eine fehlende, kontinuierliche Anwendung der implementierten Werkzeuge und absente Optimierung derer auf Basis der Prozessstandards haben ein Scheitern des GPS- Bestrebens zur Folge. Erzielte Resultate müssen als Standards im Unternehmen etabliert werden. So ist es möglich ein erreichtes Niveau in der Verbesserungsarbeit zu dokumentieren, kommunizieren und im Endeffekt zu halten. Standards sind keine unabänderlichen Regelungen, sie bilden die Ausgangspunkte jedes KVPs ab und müssen optimierungskonform aktualisiert werden. Kritisches Hinterfragen von Regelungen wie auch differenzierte Definition und kontrollierte Umsetzung von Standards müssen Führungskräfte konsolidieren und als permanenten Arbeitsinhalt praktizieren (Vgl. Ruppel 2015: 25f.).

Der Ganzheitlichkeit geschuldet muss Abteilungsdenken unterbunden werden. Die Optimierung eines Teilprozesses innerhalb eines Sektors verbessert nicht den Gesamtprozess und erhöht das Risiko von kontraproduktiven Auswirkungen. Zuständigkeiten und Verantwortungen werden an andere Teams beordert, sodass Probleme ungelöst bleiben können (Vgl. Ruppel 2015: 27f.). Ein GPS muss für maximalen Progress alle Unternehmensbereiche integrieren. Tätigkeiten in indirekten Bereichen sind unterstützende Leistungen für wertschöpfende Arbeit. Aus diesem Grund müssen sie weitestgehend eliminiert werden. Mit Lean Development, einem Modifikationsansatz für die Produktentstehung, können signifikante Einsparungen bezüglich der anfallenden Entwicklungsstunden, der Entwicklungszeit pro Neuentwicklung und der Mitarbeiteranzahl je Entwicklungsprojekt realisiert werden. Die Ergänzung eines Produkts um zusätzliche Serviceleistungen ist unerlässlich. Die Loyalität der Kunden mit transparenter und effizienter Betreuung zu gewinnen und mit schnellem, flexiblem Kundenanfragenmanagement die Kundenzufriedenheit zu steigern macht die Übertragung von GPS- Prinzipien auf den Kundendienst, Lean Service genannt, möglich. Administrative Prozesse, wie Budgetplanungen, Fertigungsauftragserstellung oder die Personaldisposition, sind schwierig zu analysierende, komplexe Aufgabenstellungen mit vielen Schnittstellen. Lean Administration wird daher bis dato unregelmäßig implementiert. Die Abbildung zeigt, dass die Durchdringung von GPS- Konzepten in indirekten Bereichen begrenzt fortgeschritten ist, obwohl enormes Einsparungspotenzial vorhanden ist (Vgl. Dombrowski, Mielke 2015: 189ff.).

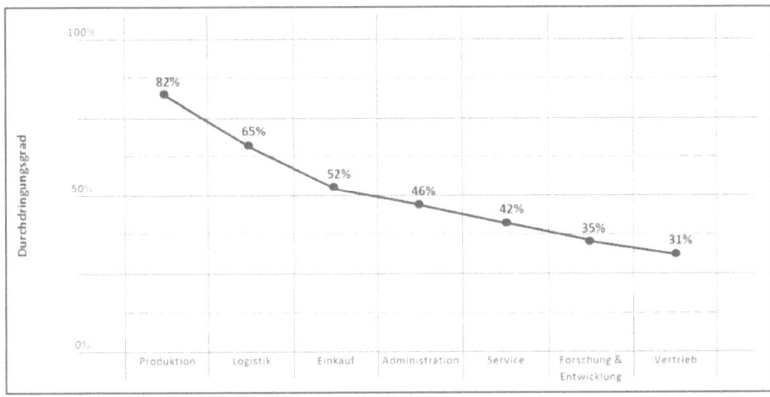

Abbildung 24: Durchdringung der GPS- Methoden (Vgl. Dombrowski, Mielke 2015: 226)

Ein Lean- Leadership soll zwischen Methodenbaukasten und lernender Organisation eine Verbindung herstellen, indem vor allem operative Führungskräfte eine Unterstützerrolle verkörpern und so ihre Mitarbeiter zur Problemlösung und Weiterentwicklung motivieren und befähigen, was letztendlich den nachhaltigen Erfolg eines GPS bekräftigt (Vgl. Dombrowski, Mielke 2015: 241ff.).

Eine positive GPS- Bilanz ist Resultat gemeinschaftlichen Wirkens von Management, Arbeitnehmervertretungen und Mitarbeiter. Reorganisationsprozesse werden von der Unternehmensführung initiiert. Dieser Sachverhalt und ein Wandel per se aktivieren in der Belegschaft Ungewissheiten und Ängste bezüglich der Arbeitsplatzsicherheit und Entwicklung der Leistungskonditionen. Die nachstehende Tabelle zeigt Auswirkungen von GPS- Implementierungen auf die Arbeitsbedingungen (Vgl. Ruppel 2015: 28f.).

Durch die Einführung eines GPS oder der Einführung einzelner GPS- Methoden haben sich folgende Sachverhalte stark bzw. sehr stark ausgewirkt (in %):	stark	sehr stark
erhöhter Stress und Leistungsdruck	37,0	39,1
Intensivierung der Arbeit	48,9	26,7
kontinuierliche Steigerung von Anforderungen	40,0	28,9
Überforderung durch ständige Änderungen	28,9	33,3
Reduzierung der Taktzeiten	37,5	15,0
Monotonisierung / Entreicherung	31,1	15,6

Tabelle 5: Auswirkungen von GPS- Implementierungen auf die Arbeitsbedingungen (Vgl. Ruppel 2015: 29)

Als größtes Risiko gilt die zielgerichtete Herabsetzung von Arbeitsstandards in Form von geringen Qualifikationsanforderungen und Leistungsintensivierung. Der Gefahr von Qualifikationseinbußen, infolge von nicht abgerufenen Fachwissen und Kompetenzen, muss mit Instrumenten des Wissensmanagements begegnet werden. Arbeitsprinzipien an verstärkte Arbeitsteilung in der Produktion anzugleichen und die Monotonie von Tätigkeiten durch Belastungswechselreduktion zu verstärken sowie permanente Unterbesetzung, die Überlastung impliziert, zu verfolgen, sind Konsequenzen von GPS- Realisierungen. Betriebsräte und Experten verurteilen die gesundheitliche Mehrbelastung durch Wertschöpfung im Kundentakt und proklamieren, dass diese reduziert werden müssen, damit ein GPS auch mit einer älteren Belegschaft erfolgreich sein kann. Es ist von Nöten, in Hinblick auf den demografischen Wandel, die Leistungsfähigkeit der Beschäftigten langfristig über die gesamte Lebensarbeitszeit zu erhalten. Mindeststandards für eine alters- und alternsgerechte als auch ergonomisch fundierte Arbeit zu konzipieren, muss im Interesse von allen Betriebsangehörigen sein, weil jeder von Arbeitsablaufstandardisierung, wie bereits in diesem Kapitel erörtert, betroffen sein kann. Handlungsspielräume müssen trotz Standardisierung in motivationsförderndem Ausmaß erhalten oder verlagert werden (Vgl. Ruppel 2015: 29f. und https://www.igbce.de/vanity/renderDownloadLink/4202/98030 2015).

Der VDI- Fachausschuss für Ganzheitliche Produktionssysteme bestimmte in der VDI- Richtlinie 2870 ein neuntes, gleichgewichtiges Gestaltungsprinzip des GPS, das Ergonomie und Arbeitssicherheit fokussiert. Die internationalen Standards, welche die Deutsche MTM- Vereinigung e.V. im Rahmen ihres Produktivitätsmanagements anwendet, machen eine Prozessgestaltung nach ergonomischen und ökonomischen Gesichtspunkten bereits möglich (Vgl. https://www.dmtm.com/ newsmedien/newsausgabedetails/details/artikel/es-macht-keinen-sinn-schlechte-prozesse-zu-digitalisieren/?inlink=1).

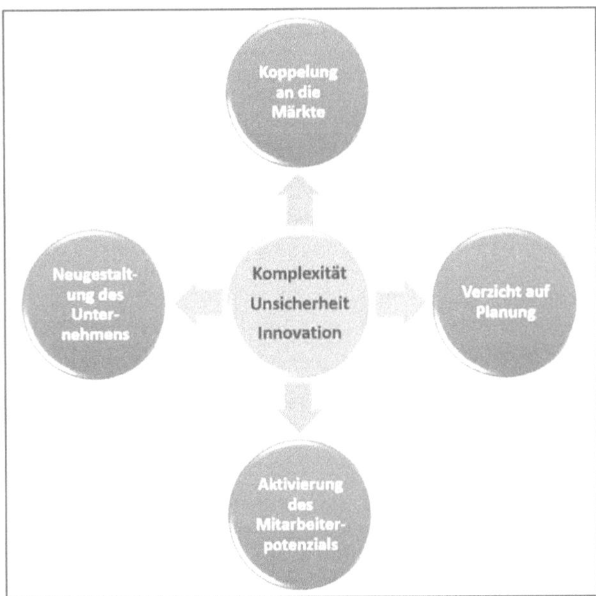

Abbildung 25: Die Konsequenzen der Veränderungen (Vgl. Spath 2003: 32)

Um in Zukunft den Unternehmenserfolg zu sichern, sind vier Konsequenzen aus den Marktveränderungen zu ziehen. Die Unternehmensgestaltung muss systematisch anhand der Bedürfnisse der Kunden und des Marktes mit neuen Führungsleitsätzen konfiguriert werden und mit weniger Planung und Prognosen auszukommen, fördert die Minimierung von Komplexität und Unsicherheit. Eine Aktivierung des Mitarbeiterpotenzials durch menschen- und leistungsgerechte Konditionen komplettiert eine nachhaltige Unternehmensstrategie.

7 Die Zukunft – Das Lean Enterprise- Modell

Im Rahmen der Studie *Produktionsarbeit der Zukunft – Industrie 4.0* des Fraunhofer IAO sind die Erwartungen zur Entwicklung der Produktionsarbeit untersucht worden. Automatisierung wird zukünftig für immer kleinere Serien bei gleichbleibender Relevanz von menschlicher Arbeit möglich. Flexibilität wird weiterhin, aber in kurzfristigerer, zielgerichteter und systematisch organisierter Charakteristik, der Schlüsselfaktor für Produktionsarbeit sein. Die Mitarbeiter müssen daher für weniger planbare Arbeitstätigkeiten On-The-Job qualifiziert werden und Produktionspersonal wird vermehrt Aufgaben für die Produktentwicklung wahrnehmen. Intelligente Datenaufnahme, -speicherung und -verteilung durch Objekte und Menschen werden im Rahmen von Industrie 4.0 forciert. Industrie 4.0 reproduziert die Strategie, den deutschen Produktionssektor in Zukunft durch Wertschöpfung in Echtzeit mithilfe des Internets weiterhin konkurrenzfähig zu halten. Deutsche Experten beurteilen eine prozessorientierte Organisationsform als zwingend notwendig, um das Konzept Industrie 4.0 erfolgreich umsetzen zu können. (Vgl. https://www.iao.fraunhofer.de/images/iao-news/produktionsarbeit-der-zukunft.pdf 2013: 4ff.).

Die Implementierung von GPS hatte seine Anfänge in der Produktion und führte wegen der Verkürzung von Produktlebenszyklen und zunehmenden, individuellen Kundenanforderung zu einer Ausbreitung auf andere, einzelne Unternehmensbereiche. Die Optimierung partikularer, indirekter Sektoren verursacht Probleme und relativiert die Erfolge in der Produktion infolge der fehlenden Ausrichtung auf Ganzheitlichkeit. Die Übertragung des Lean- Gedankens auf das gesamte Unternehmen ließ das Lean Enterprise- Modell entstehen. Wesentliche Elemente dieses Konzepts sind die unternehmensweite und -übergreifende Betrachtung der Prozesse als auch die Einbindung aller Prozessbeteiligten. Eine durchgängige Prozessorientierung sichert die Funktion des Lean Enterprise, jedoch besteht dazu Handlungsbedarf. Elf Prozent der Teilnehmer der Studie *Prozessorganisation in Deutschland*, welche von der Gesellschaft für Organisation e.V. initiiert wurde, gaben an im Gesamtunternehmen Prozessorganisation praktisch umzusetzen. Bei 76 Prozent der Befragten wird sie teilweise verwirklicht und bei dreizehn Prozent existiert keine Prozessorganisation. Dieses Ergebnis kann mit den Implementierungshindernissen, dass funktionsbezogene Subkulturen eine Organisation dominieren und Anreiz- und Karrieresysteme an der aufbauorganisatorischen Hierarchie ausgerichtet sind, begründet werden. Ebenso hemmend wirken eine unzureichende Anpassung von Ressourcen und Entscheidungskompetenzen, politische Widerstände in der Organisation oder mangelnde disziplinarische Zuordnung von Mitarbeitern zu Verantwortlichen. Substanzielle Faktoren, die bei der Konfiguration und Implementierung von Lean Enterprise Berücksichtigung finden müssen sind die Betrachtung aller Einheiten innerhalb des gesamten Wertstroms innerhalb (1) und außerhalb (2) des eigenen Unternehmens, das Einkalkulieren von differierenden Wertverständnissen multipler Interessensgruppen (3), eine generelle Anwendung von Lean Prinzipien, Methoden und Werkzeugen (4) sowie die Abstimmung aller Funktionsbereiche, Prozesse und Akteure innerhalb des Wertstroms zur Etablierung einer integrierten Einheit (5) und unternehmensübergreifenden Synchronisation (6) (Vgl. Dombrowski, Mielke 2015: 299ff.).

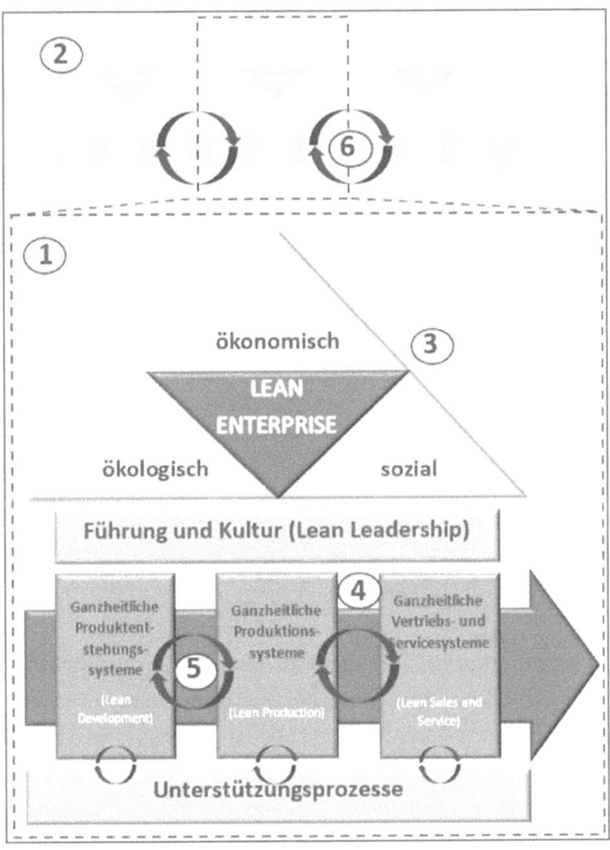

Abbildung 26: Lean Enterprise- Modell (Vgl. Dombrowski, Mielke 2015: 312)

Neben der Herausforderung ein Unternehmen nach Lean Enterprise- Modell- Gesichtspunkten zu konfigurieren, muss die fortschreitende Entwicklung der Informations- und Kommunikationstechnik berücksichtigt werden. Diese vierte industrielle Revolution, im Allgemeinen unter Industrie 4.0 bekannt, gründet auf der Vision, dass die flächendeckende Durchdringung des Produktionsumfeldes mit intelligenten, sich selbst steuernden Objekten, die zu sogenannte Cyber - Physische Systeme (CPS) vernetzt werden, eine selbständige Steuerung von Aufträgen entlang der gesamten Wertschöpfungskette realisierbar machen. Fundament dieser Theorie ist der Einsatz von industriell anwendbaren (Funk-) Internetverbindungen und leistungsstarken Sensoren und Aktoren, die die Realität mit der virtuellen Welt in Echtzeit koppeln. So wird zukünftig mit der Auslösung eines Produktionsauftrages die Reservierung von Bearbeitungsschritten, Anlagen und Materialien automatisch ablaufen. Bei drohenden Verzögerungen der Lieferung wird selbsttätig nach freien Produktionsanlagenkapazitäten gesucht und die untereinander abgestimmte Disposition von Auftragsreihenfolge wie auch Wartungs- und Instandhaltungstätigkeiten unmittelbar reorganisiert. Flexibel konfigurierbare Leistungsangebote und interaktive, kooperative Entscheidungsmechanismen werden die zukünftigen Geschäftsmodelle prägen (Vgl. https://www.iao.fraunhofer.de/images/iao-news/produktionsarbeit-der-zukunft.pdf 2013: 22ff.).

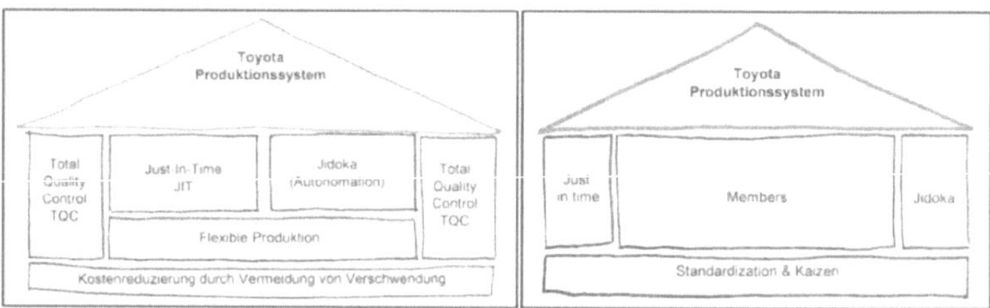

Abbildung 27: Das klassische TPS (links) und das neue TPS (rechts) (Vgl. Spath 2003: 194)

Anhand der Abbildung möchte ich abschließend demonstrieren, dass ein zukünftiger Unternehmenserfolg wesentlich von der stetigen Weiterentwicklung bestimmt wird. Das TPS, früher wie heute ein vorbildlich konzeptioniertes Ganzheitliches Produktionssystem, wird kontinuierlich an aktuelle Einflüsse assimiliert. So wurde erkannt, dass für Unternehmensprogression alle Mitarbeiter aller Ebenen Mittelpunkt des Systems sein müssen, Standardisierung und KVP, auch als Kaizen bezeichnet, chancenreiche Basismethoden widerspiegeln und Qualitätskontrolle als auch Vermeidung von Verschwendung in jede Handlung integriert werden müssen (Vgl. Spath 2003: 194).

Literaturverzeichnis

AULL, Florian (2012): Modell zur Ableitung effizienter Implementierungsstrategien für Lean- Production- Methoden, Dissertation, München 2012

BAUER, Steffen (2016): Produktionssysteme wettbewerbsfähig gestalten: Methoden und Werkzeuge für KMU's - KAIZEN, SWOT-Analyse, Pareto-Analyse, 5W-Analyse, Wertstromanalyse, Mind-Mapping, Poka Yoke, 5S, TPM, SMED, KANBAN, Benchmarking, TPS-Prinzipien, Carl Hanser Verlag München

BRUNNER, Franz J. (2014): Japanische Erfolgskonzepte, 3., überarbeitete Auflage, Carl Hanser Verlag München Wien

BULLINGER, WARNECKE (1996): Neue Organisationsformen im Unternehmen – Ein Handbuch für das moderne Management, Springer-Verlag Berlin Heidelberg

BUTSCHKE, Antina (2001): Planung der Unternehmensziele, Hamburg: Diplomica GmbH

BWL-Wissen.net (2016): URL: http://www.bwl-wissen.net/definition/unternehmensziele (Stand 07.12.2017)

DICKMANN, Philipp (2007): Schlanker Materialfluss mit Lean Production, Kanban und Innovationen, Springer-Verlag Berlin Heidelberg

DIEKMANN, Janis (2016): Wie verändern ganzheitliche Produktionssysteme das verarbeitende Gewerbe? Zur betrieblichen Wirkung eines Reorganisationsprogrammes zwischen organisatorischer Innovation, Macht und Fassade, Dissertation, Darmstadt 2017

DieOptimierer.at (2015): URL: http://dieoptimierer.at/die-7-arten-der-verschwendung-in-der-produktion (Stand 18.01.2017)

DILLERUP, STOI (2013): Unternehmensführung, 4. Auflage, Verlag Franz Vahlen München

DOCPLAYER (2018): URL: http://docplayer.org/62160297-5-s-ganzheitliche-produktionssysteme-mode-mythos-realitaet-ne-piece-flow-just-in-sequence.html (Stand 08.02.2018)

DOMBROWSKI, MIELKE (2015): Ganzheitliche Produktionssysteme, Springer-Verlag Berlin Heidelberg

DOMBROWSKI, PALLUCK, SCHMIDT (2006): Typologisierung Ganzheitlicher Produktionssysteme, Zeitschrift für wirtschaftlichen Fabrikbetrieb, Vol. 101, No. 10

DUDEN (2017): URL: https://www.duden.de/rechtschreibung/ganzheitlich und https://www.duden.de/rechtschreibung/Prinzip

FRAUNHOFER-INSTITUT für Arbeitswirtschaft und Organisation IAO (2017): URL: http://wiki.iao.fraunhofer.de/images/studien/wertschoepfung-steigern-fraunhofer-iao.pdf (Stand 25.01.2018), URL: https://www.iao.fraunhofer.de/images/iao-news/produktionsarbeit-der-zukunft.pdf (Stand 16.02.2018)

GABLER WIRTSCHAFTSLEXIKON (2016): URL: http://wirtschaftslexikon.gabler.de/Archiv/ ... / .html, Springer Gabler Verlag (Stand 21.10.2017)

Harvard Business Manager Online (2017): URL: http://www.harvardbusinessmanager.de/heft/d-51944761.html (Stand 07.12.2017)

IG BCE, Industriegewerkschaft Bergbau, Chemie, Energie (2015): URL: https://www.igbce.de/vanity/renderDownloadLink/4202/98030 (Stand 15.01.2018)

IG Metall, Industriegewerkschaft Metall (2011): Produktionssysteme gestalten –Der Mensch macht den Unterschied, www.igmetall-nrw.de, URL: http://netkey40.igmetall.de/homepages/ki/hochgeladenedateien/pdf/IGM-0008%20Memorandum_V_Giesler.pdf (Stand 07.02.2018)

IPH – Institut für Integrierte Produktion Hannover gemeinnützige GmbH (2009): Ganzheitliche Produktionssysteme - IPH Methodensammlung

KAMISKE, Gerd F. (2005): Qualitäts- Wissenschaftliches Manager Handbuch, Lehmanns Media – LOB.de, Berlin

KRATZSCH, Sabine (2000): Prozess- und Arbeitsorganisation in Fließmontage-systemen, Vulkan-Verlag GmbH

KRÜGER, Rolf (2004): Das Just-in-Time-Konzept für globale Logistikprozesse, 1. Auflage August 2004, Springer Fachmedien Wiesbaden

MTM-MEDIEN (2012): URL:
https://www.dmtm.com/newsmedien/newsausgabedetails/details/artik
el/es-macht-keinen-sinn-schlechte-prozesse-zu-digitalisieren/?inlink=1,
Deutsche MTM-Vereinigung e. V. (Stand 16.02.2018)

MERL, Tobias (2016): Konfiguration Ganzheitlicher Produktionssysteme in
kleinen und mittleren Unternehmen, Dissertationsschrift_Tobias_Merl.pdf
(Stand 11.01.2018)

PRODUKTION, Technik und Wirtschaft für die deutsche Industrie: URL:
https://www.produktion.de/technik/produktivitaet/ganzheitlichkeit-
steigert-produktivitaet-127.html, verlag moderne industrie GmbH (Stand
04.02.2018)

RAUCH, Erwin (2013): Konzept eines wandlungsfähigen und modularen Produktionssystems für Franchising-Modelle, Schriftenreihe zu Arbeitswis-
senschaft und Technologiemanagement Band 9, Fraunhofer Verlag 2013

REGBER, ZIMMERMANN (2013): Changemanagement in der Produktion: Prozesse effizient verbessern im Team, mi. Wirtschaftsbuch, 2007, Imprint
der Münchner Verlagsgruppe GmbH

RUPPEL, Daniel (2015): Hindernisse und Herausforderungen bei der Implementierung von Ganzheitlichen Produktionssystemen, Arbeitspapier
Nr.41, Technische Universität Dortmund

SCHMITT, PFEIFER (2015): Qualitätsmanagement. Strategien – Methoden –
Techniken, 5. überarbeitete Auflage, Carl Hanser Verlag München Wien

SlidePlayer (2017): URL: http://slideplayer.org/slide/863615/ (Stand
09.12.2017), URL:
https://de.slideshare.net/stefanhaeck/produktrealisierungsprozess-
1803118 (Stand 24.01.2018)

SPATH, Dieter (2003): Ganzheitlich produzieren – Innovative Organisation und
Führung, LOG_X Verlag GmbH 2003

STOESSER, Klaus R. (2017): Prozessoptimierung für produzierende Unternehmen, Springer Fachmedien Wiesbaden

TAKEDA, Hitoshi (2009): QiP – Qualität im Prozess: Leitfaden zur Qualitätsstei-
gerung in der Produktion, 1.Auflage 2009, mi-Wirtschaftsbuch Finanz-
Buch Verlag GmbH München

VEREIN DEUTSCHER INGENIEURE e.V.: URL:
https://m.vdi.de/uploads/tx_vdirili/pdf/1717393.pdf (Stand
09.12.2017), URL:
https://www.vdi.de/uploads/tx_vdirili/pdf/1915954.pdf (Stand
09.12.2017)

WESTKÄMPER, ZAHN (2009): Wandlungsfähige Produktionsunternehmen: Das
Stuttgarter Unternehmensmodell, Springer- Verlag Berlin Heidelberg

Wirtschaftslexikon24.com (2017): URL:
http://www.wirtschaftslexikon24.com/d/pro duktionssys-
tem/produktionssystem.htm (Stand 09.12.2017)

4managers (2017): URL:
http://4managers.de/management/themen/strategische-planung (Stand
17.11.2017)